Im Einklang mit sich selbst ein erfülltes, sinnvolles Leben führen – wer wünscht sich das nicht? ›Der kleine Taschencoach‹ öffnet uns einen spielerisch-leichten Zugang zum richtigen Weg dahin. Mit inspirierenden Texten, Geschichten und kurzen Übungen gibt er Anregungen und Denkanstöße, wie wir die eigene Lebenswirklichkeit aktiv gestalten können. Wenn wir uns selbst achten, der inneren Stimme vertrauen und unsere Umgebung aufmerksam wahrnehmen, kommen wir unserem Ziel Schritt für Schritt näher.

Iris Seidenstricker hat Germanistik, Philosophie und Pädagogik studiert. Sie war lange verantwortlich für die Presse- und Öffentlichkeitsarbeit in deutschen Verlagen und ist heute v. a. als Coach und Trainerin für die Bereiche Karriere und Persönlichkeitsentwicklung tätig. Herausgeberin mehrerer Anthologien bei dtv, u. a.: ›Worte, die stärken‹ (34503); ›Worte, die Kraft geben‹ (34765).
www.seidenstricker-coaching.de

Iris Seidenstricker

Der kleine
Taschencoach

Impulse für ein gutes Leben

Deutscher Taschenbuch Verlag

Auch als E-Book erhältlich.

Von Iris Seidenstricker sind bei <u>dtv</u> außerdem lieferbar:
›Worte, die stärken‹ (Hrsg.; 34503)
›Worte, die Kraft geben‹ (Hrsg.; 34765)

Ausführliche Informationen über
unsere Autoren und Bücher
finden Sie auf unserer Website
<u>www.dtv.de</u>

Originalausgabe 2015
© Deutscher Taschenbuch Verlag GmbH & Co. KG,
München
Das Werk ist urheberrechtlich geschützt.
Sämtliche, auch auszugsweise Verwertungen bleiben vorbehalten.
Umschlagkonzept: Balk & Brumshagen
Umschlaggestaltung: Katharina Netolitzky
Gesetzt aus der Stone Serif 8/12,5˙
Satz: Greiner & Reichel, Köln
Druck und Bindung: Druckerei C.H.Beck, Nördlingen
Gedruckt auf säurefreiem, chlorfrei gebleichtem Papier
Printed in Germany · ISBN 978-3-423-34829-4

Inhalt

Wohin wir auch gehen, uns selber haben wir immer dabei.
Glücklich, wer sich ein bisschen wohl fühlt bei sich.

Walter Gaemperle

Selbstachtung und Selbstbewusstsein

Jeder von uns ist einzigartig. Niemals wieder wird es jemanden geben, der denselben Lebensweg geht wie wir, der unsere Fingerabdrücke, unsere DNA, Sichtweisen, Fähigkeiten, Erfahrungen, Hoffnungen, Ängste, Vorlieben und Abneigungen besitzt. Diese einmalige Mischung aus Gaben und Besonderheiten, die ein jeder von uns hat, schenkt uns unendlich viele Möglichkeiten, unser Leben zu gestalten – was aber nur dann gelingt, wenn wir uns mit allem, was unsere Individualität ausmacht, wertschätzen. So, wie wir sind, sind wir gut. Wir sollten aufhören, uns ständig mit anderen zu vergleichen und immer besser werden zu wollen. »Count your blessings«, sagen die Engländer – zähle das, womit du gesegnet bist und was dir an Gutem im Leben widerfahren ist. Das tut uns nachweislich gut, denn das, was wir instinktiv ahnen, ist auch wissenschaftlich erwiesen: Menschen, die nicht immer auf andere schauen, ruhen mehr in sich selbst und sind gelassener.

Selbstachtung zeigt sich darin, wie wir uns sehen, wie wir uns beurteilen und wie wir mit uns umgehen. Vor allem dann, wenn es um Erfolg oder Misserfolg geht und wir im Kontakt mit anderen Menschen sind. Da kann es leicht passieren, dass wir die Meinung anderer höher schätzen als unsere eigene oder manches gar nicht erst in Angriff nehmen, weil die anderen vermeintlich viel besser sind und wir es ja sowieso nicht schaffen.

Eine gesunde Selbstachtung haben wir, wenn wir mit realistischem Blick auf uns selbst unsere guten Eigenschaften, unsere Fehler und

Grenzen anerkennen. Und uns nicht mehr dazu zwingen, perfekt sein und es allen recht machen zu wollen. Natürlich brauchen wir die Unterstützung unserer Umgebung. Doch vor allem benötigen wir unseren eigenen Beistand als fürsorglichen Mutmacher und Förderer. Achten wir uns selbst, nehmen wir unseren Platz unter anderen mit Wohlwollen und Bestimmtheit ein. Wir können Liebe ebenso gut annehmen wie geben und sind in der Lage, alle unsere Gefühle und Bedürfnisse zu spüren und auszudrücken und nichts zu tun, was uns widerstrebt. Unangenehme Pflichtaufgaben, die zum Leben nun einmal dazugehören, akzeptieren wir, ohne mit ihnen zu hadern. Zur Selbstachtung gehört auch, dass wir unseren Körper und unsere Seele wertschätzen, auf ihre Signale achten und angemessen auf sie reagieren.

Kurz: Selbstachtung besteht darin, die eigene Persönlichkeit in all ihren Facetten und mit all ihren Fähigkeiten zu entdecken und zu fördern. Sie zeigt sich darin, dass wir unsere individuelle Entwicklung unterstützen, indem wir unsere eigenen Ziele verfolgen und uns von Zeit zu Zeit neu justieren: Passt dies noch zu mir? Erfüllt es mich?

Auch wenn wir damit aufhören sollten, uns ständig infrage zu stellen – in unserem Verhalten tun sich immer wieder kleinere und größere Baustellen auf, an denen es sich zu arbeiten lohnt. So nimmt vielleicht jemand, der sich nicht ausreichend respektiert fühlt, Chancen, die sich ihm für sein persönliches Weiterkommen bieten, gar nicht wahr. Doch das führt nur noch tiefer in die Spirale der Selbstabwertung hinein, da das Selbstwertgefühl mit jeder Situation abnimmt, der man sich nicht stellt. Wenn man sich aber mit seiner Angst auseinandersetzt und in ganz kleinen, überschaubaren Schritten die Herausforderung angeht, wird sie – schon alleine dadurch, dass man sie annimmt – zu einem motivierenden Erfolgserlebnis und trägt zur Stärkung der eigenen Selbstachtung bei.

Das kostbare Geschenk der Selbstachtung können nur wir selbst uns machen. Jederzeit. Es bedeutet, uns als Person lieben zu lernen und verantwortungsvoll für uns und auch die Menschen in unserem Leben zu sorgen. Dabei ist es kein Zeichen von Selbstsucht, sondern eher von Ehrfurcht und Demut zu wissen, dass wir absolut einmalig sind. Alles, was uns ausmacht oder was wir einmal zu sein hoffen, hat seine Wurzeln im Begreifen dieser Einmaligkeit. Und in der Erlaubnis, uns die Zeit, die Geduld und das Verständnis für uns selbst zu schenken, die wir zu unserem persönlichen Wachstum brauchen.

*Und es gehen die Menschen zu bestaunen
die Gipfel der Berge und die ungeheuren
Fluten des Meeres und die weit dahin-
fließenden Ströme und den Saum des
Ozeans und die Kreisbahnen der Gestirne
und haben nicht acht ihrer selbst.*

Augustinus

Das bin ich!

Bekenntnis zur Selbstachtung

Es gibt auf der ganzen Welt keinen, der mir vollkommen gleich ist. Es gibt Menschen, die in manchem sind wie ich, aber niemand ist in allem wie ich. Deshalb ist alles, was von mir kommt, original mein; ich habe es gewählt. Alles, was Teil meines Selbst ist, gehört mir – mein Körper und alles, was er tut, mein Geist und meine Seele mit allen dazugehörigen Gedanken und Ideen, meine Augen und alle Bilder, die sie aufnehmen, meine Gefühle, gleich welcher Art: Ärger, Freude, Frustration, Liebe, Enttäuschung, Erregung, mein Mund und alle Worte, die aus ihm kommen, höflich, liebevoll oder barsch, richtig oder falsch, meine Stimme, laut oder sanft, und alles, was ich tue in Bezug zu anderen und zu mir selbst. Mir gehören meine Fantasien, meine Träume, meine Hoffnungen und meine Ängste. Mir gehören alle meine Siege und

Erfolge, all mein Versagen und meine Fehler. Ich weiß, dass es manches an mir gibt, was mich verwirrt, und manches, was mir gar nicht bewusst ist. Aber solange ich liebevoll und freundlich mit mir selbst umgehe, kann ich mutig und voll Hoffnung darangehen, Wege durch die Wirrnis zu finden und Neues an mir selbst zu entdecken. Ich gehöre mir, und deshalb kann ich mich lenken und bestimmen. Ich bin ich, und ich bin o. k.

Virginia Satir

Nimm den Platz und die Haltung ein, zu denen du dich ohne jeden Zweifel berechtigt fühlst, und alle Menschen werden es hinnehmen.

Ralph Waldo Emerson

Der kaputte Krug

Es war einmal ein Wasserträger in Indien. Auf seinen Schultern ruhte ein schwerer Holzstab, an dem rechts und links je ein großer Wasserkrug befestigt war. An dem einen gab es nichts auszusetzen, mit ihm konnte der Wasserträger am Ende seines langen Weges vom Fluss zum Haus seines Herrn eine volle Portion Wasser abliefern. Der andere hingegen hatte einen Sprung. In ihm war höchstens die Hälfte der ursprünglichen Wassermenge, wenn er an dem Haus ankam.

Über zwei Jahre lieferte der Wasserträger seinem Herrn täglich einen vollen und einen nicht einmal halbvollen Krug. Der intakte der beiden Krüge war sehr stolz darauf, dass der Wasserträger in ihm stets die volle Portion transportieren konnte. Der Krug mit dem Sprung hingegen schämte sich, dass er durch seinen Makel seinen Dienst nicht gut versehen konnte.

Eines Tages sprach der kaputte Krug zum Wasserträger: »Ich schäme mich so für mich selbst – es tut mir so leid für dich, dass ich bin, wie ich bin.«

Der Wasserträger sah den Krug erstaunt an: »Aber wofür schämst du dich denn?«

»Dass ich so viel Wasser verliere. Du strengst dich immer so an. Aber du bekommst nicht den vollen Lohn, weil du nie zwei volle Krüge abliefern kannst.«

Da sprach der Wasserträger: »Achte das nächste Mal, wenn wir zum Haus meines Herrn gehen, auf die prachtvollen Wildblumen am Straßenrand.«

Der traurige Krug nickte und sie machten sich auf den Weg. Am Ende des Weges aber fühlte sich der Krug wieder ganz elend und entschuldigte sich erneut beim Wasserträger. Der aber sagte: »Hast du die Blumen am Straßenrand bemerkt? Und hast du auch gesehen, dass sie nur auf deiner Seite des Weges wachsen, nicht aber auf der, wo ich den anderen Krug trage?«

»Ja, das habe ich gesehen«, sagte der Krug.

»Ich habe deinen Sprung von Anfang an bemerkt«, fuhr der Wasserträger fort. »Daher habe ich einige Blumensamen gesammelt und sie auf deiner Seite des Weges verstreut. Jedes

Mal, wenn wir zum Haus meines Herrn gelaufen sind, hast du sie gewässert. So habe ich jeden Tag einige dieser wundervollen Blumen pflücken können und damit den Tisch meines Herrn und auch meinen eigenen dekoriert. All diese Schönheit hast du geschaffen – und mein Herr hat mich für die schönen Blumen stets reichlich entlohnt.«

Kein Mensch kann sich wohlfühlen,
wenn er sich nicht selbst akzeptiert.
Mark Twain

Impuls: Freund oder Feind

Wen sehen Sie, wenn Sie in einen Spiegel schauen? Ihre beste Freundin bzw. Ihren besten Freund? Oder Ihren ärgsten Feind, der alles andere als an Ihrem Wohlergehen und Ihrer persönlichen Entfaltung interessiert ist?

Selbstwertgefühl und Selbstachtung hängen wesentlich mit dem Respekt zusammen, den wir uns selbst entgegenbringen. Dieser zeigt sich u. a. im Ton, in dem wir mit uns sprechen. Ist er wertschätzend und wohlwollend, verstärken wir unser Selbstwertgefühl. Sprechen wir abfällig und unfreundlich mit uns, setzen wir es herab.

Worte besitzen eine große Macht; sie formen unser Denken und unser Erleben. Wenn wir überzeugt sind, dass wir nicht gut genug sind, wenn wir uns ständig kritisieren, beschimpfen oder sogar bestrafen, schaffen wir eine Wirklichkeit, in der wir uns anderen unterlegen fühlen. Wenn wir dagegen gut von uns denken, unsere ganz persönlichen Stärken und Fähigkeiten fördern, nachsichtig mit unseren Fehlern und Schwächen sind und uns auch selbst verzeihen können, würdigen wir die Einzigartigkeit unserer Persönlichkeit und erkennen sie auf bestmögliche Weise an.

Wir selbst entscheiden, wer mehr Einfluss auf unser Leben haben soll: der »innere Freund« und wohlwollende Beistand oder der »innere Kritiker« und Bedenkenträger, der uns durch seine vielen Zweifel und Abwertungen an unserer persönlichen Entfaltung hindert. Dennoch: So schwierig das Zusammenleben mit unserem inneren Kritiker auch ist – wir sollten Verständnis für ihn haben. Er macht nur seine Arbeit und will diese so gut wie möglich verrichten. So möchte er uns beispielsweise vor Enttäuschungen schützen: Wenn wir etwas nicht wagen, weil wir es uns nicht zutrauen, müssen wir auch nicht die Konsequenzen eines möglichen Misserfolgs fürchten.

Wie lobenswert aber auch immer die Absicht Ihres inneren Kritikers sein mag – er darf Sie nicht entmutigen oder schikanieren. Sie können ihn entmachten, indem Sie sich die Zeit und Ruhe nehmen, ihm einmal ganz genau zuzuhören: Ist seine Stimme weiblich oder männlich, spricht er laut oder leise? Und wie würde es sich anhören, wenn er das, was er zu sagen hat, singen würde? Würde er eine Arie schmettern, Ihnen »den Marsch blasen« oder einen rhythmischen Rap anstimmen? Was würde das bei Ihnen auslösen? Würden Sie sich weiter von ihm einschüchtern lassen? Oder würden Sie ihn nicht mehr ganz so ernst nehmen und könnten sogar über ihn schmunzeln?

Und nun überlegen und notieren Sie doch einmal, was Sie von Ihrem inneren Freund hören möchten, wenn Ihnen etwas gut gelungen ist oder Sie Unterstützung und Anerkennung benötigen. Vielleicht möchten Sie hören, dass Sie richtig gut sind. Die Formulierung »*ich bin* richtig gut« ist die unmittelbarste und direkteste, bei »*du bist* richtig gut« schafft man einen Abstand, da man sich mit dem Blick von außen bewertet. Und »*das war* richtig gut« trennt deutlich zwischen der eigenen Persönlichkeit und der Handlung. Wählen Sie die Variante, mit der Sie sich am wohlsten fühlen, und sprechen Sie sich diese mehrmals am Tag – möglichst laut – vor.

Am Anfang mögen Ihnen diese Selbstgespräche befremdlich erscheinen. Doch je häufiger Sie sie praktizieren, umso selbstverständlicher wird die Botschaft in Ihren Ohren klingen und schließlich auch bei Ihnen ankommen. Sie werden Ihr bester Freund und wohlwollender Unterstützer.

Noch ein Tipp: Platzieren Sie die Notiz, wie Sie mit sich sprechen möchten, so sichtbar, dass Sie immer wieder daran erinnert werden.

Sie haben die Wahl: Sind Sie für oder gegen sich?

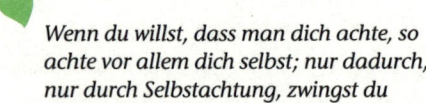

Wenn du willst, dass man dich achte, so achte vor allem dich selbst; nur dadurch, nur durch Selbstachtung, zwingst du auch andere, dich zu achten.

Fjodor Dostojewski

Fehler machen dürfen

Ein junger Mann wurde mit Anfang dreißig Direktor eines bedeutenden Bankinstituts. Niemals hatte er sich vorgestellt, so schnell Karriere zu machen. Eines Tages traf er den Vorstandsvorsitzenden, dessen Idee es gewesen war, den jungen Mann zum Direktor zu ernennen, und er sprach ihn an. »Es liegt nun eine große Verantwortung auf meinen Schultern«, sagte der junge Direktor, »und große Aufgaben warten auf mich. Ich werde mich mit allerbesten Kräften darum bemühen, diesen Anforderungen und den Erwartungen, die Sie in mich gesetzt haben, gerecht zu werden. Aber vielleicht könnten Sie mir aus Ihrer langjährigen Erfahrung in dieser Bank noch einige gute Tipps mit auf den Weg geben?«

Der Vorsitzende sagte nach kurzem Nachdenken: »Treffen Sie richtige Entscheidungen.«

»Vielen Dank«, sagte der junge Mann höflich, aber ein wenig enttäuscht, da er mehr erwartet hatte, »das ist sicherlich ein guter Rat. Aber hätten Sie auch ganz konkrete Anweisungen für mich? Ich bräuchte Ihre Unterstützung ja gerade, um die richtigen Entscheidungen treffen zu können.«

»Sie brauchen Erfahrung«, erwiderte der Vorstandsvorsitzende knapp.

»Nun, darum geht es ja gerade«, sagte der junge Mann und wirkte zunehmend hilflos. »Ich bitte Sie genau deshalb um Ihren Rat, weil ich noch nicht genügend Erfahrung besitze. Wie bekomme ich Erfahrung?«

»Durch falsche Entscheidungen.«

Erfahrung ist nicht das, was einem zustößt.
Erfahrung ist, was man aus dem macht,
was einem zustößt.
Aldous Leonard Huxley

Die Erkenntnis

Eine Frau, die schon sehr lange Yoga praktizierte, trug sich mit dem Gedanken, eine Ausbildung zur Yogalehrerin zu machen. Was sie allerdings immer wieder davon abhielt, war, dass sie einige Übungen – obwohl sie schon so lange übte – nie so perfekt ausführen konnte wie ihr Yogalehrer. Nach einer Yogastunde, bei der sie wieder zutiefst über ihre mangelnde Beweglichkeit enttäuscht war, ging sie zu ihm und berichtete ihm von ihrem Vorhaben und ihrer Sorge.

»Du wirst eine sehr gute Yogalehrerin werden«, sagte dieser. »Denn die besten und kostbarsten Lehrer sind nicht diejenigen, die die schwierigsten Übungen perfekt vorführen können. Es sind diejenigen, die die gleichen Mühen haben wie alle anderen auch. Sie sind deshalb die besten, weil sie die Menschen mit ihren Begrenzungen verstehen, in ihren Bemühungen fördern und in ihren Möglichkeiten schätzen.«

Selbstachtung ist: es nicht mehr notwendig haben, perfekt zu sein.
Roman Prinoth Fornwanger

Die zwei Wölfe

Ein alter Indianer sitzt mit seinem Enkel am Lagerfeuer. Gedankenverloren schauen beide in die Flammen, bis der Alte das Schweigen bricht: »Im Leben ist es oft so, mein Junge, als kämpften im Herzen zwei Wölfe miteinander. Einer der beiden ist rachsüchtig, aggressiv und grausam, der andere aber ist liebevoll, sanft und mitfühlend.«

»Und welcher der beiden gewinnt den Kampf?«

»Der Wolf, den man füttert.«

Das Leben ist die Summe all unserer Entscheidungen.
Albert Camus

Sicherlich haben Sie schon einmal erlebt, dass Sie etwas, das Ihnen vorher noch nie aufgefallen war, plötzlich überall dort, wo Sie sich aufhalten, entdecken. Warum ist das so?

Es liegt daran, dass unser Gehirn ununterbrochen entscheiden muss, was es beachten soll und was nicht. Wir sind nicht in der Lage, die Fülle an Bildern, Geräuschen, Gerüchen und Gefühlen, die in jedem Moment auf uns einströmen, wahrzunehmen. Wir müssen auswählen. Auf das, was uns in diesem Moment am wichtigsten ist, richten wir unsere Aufmerksamkeit. Wenn Sie in die Stadt fahren, um ein Geburtstagsgeschenk für ein Kind auszusuchen, werden Sie viele Dinge nur durch die »Kindergeburtstagsgeschenk«-Brille sehen: Kommt das, worauf Ihr Blick gerade fällt, als Geschenk infrage? Ist der Geburtstag vorüber, werden Ihnen diese Dinge beim nächsten Stadtbummel überhaupt nicht mehr auffallen. Unsere Aufmerksamkeit geht immer zu dem, was aktuell für uns von Bedeutung ist.

Weil unser Gehirn ständig entscheidet, was wir sehen und was nicht, ist es so wichtig, unsere Wahrnehmung zu trainieren und unsere Aufmerksamkeit bewusst zu lenken. Denn unsere Entscheidungen sind die Folgen unserer Gedanken und unsere Gedanken wiederum hängen davon ab, worauf unsere Aufmerksamkeit gerichtet ist. In jedem Moment können wir daher beginnen, die Qualität unserer Gedanken und Entscheidungen zu verbessern. Wir bestimmen, welchen Wolf wir füttern.

Es sind nicht die äußeren Umstände, die
das Leben verändern, sondern die inneren
Veränderungen, die sich im Leben äußern.

Wilma Thomalla

Das Versteck der Weisheit

Die Götter diskutierten vor langer Zeit darüber, wo sie die Weisheit des Universums verstecken sollten. Es sollte ein Ort sein, der, solange die Menschen noch nicht reif genug für dieses kostbare Wissen sind, so sicher wäre, dass die Menschen ihn nicht finden würden.

»Lasst uns die Weisheit des Universums auf dem höchsten Berg der Erde verstecken«, sagte einer der Götter. Aber schnell waren sie sich einig, dass die Menschen bald alle Berge besteigen würden, die Weisheit vor ihnen dort also nicht sicher wäre.

»Dann lasst sie uns an der tiefsten Stelle im Meer versenken«, schlug ein anderer Gott vor. Doch auch mit dieser Idee waren nicht alle einverstanden. Auch dort würden die Menschen sie über kurz oder lang entdecken.

»Und was haltet ihr davon«, sagte ein Gott, der lange schweigend zugehört hatte, »wenn wir die Weisheit des Universums im Menschen selbst verstecken?«

»Wunderbar!«, rief ein anderer Gott, »da findet er sie nie!«

»Doch, er wird sie dort finden«, sagte der Gott, der den

Vorschlag gemacht hatte. »Aber erst, wenn er reif für sie ist. Dann erst wird er in sein Inneres gehen und dort seine einzigartigen Schätze erforschen.«

In jedermann ist etwas Kostbares,
das in keinem anderen ist.
Martin Buber

Das eigene Leben leben

Du kannst einen Menschen nichts lehren.
Du kannst ihm nur helfen, es in sich selbst
zu entdecken.

Galileo Galilei

Der Adler

Ein Mann fing einen jungen Adler und setzte ihn zu seinen Hühnern in den Hühnerstall. Obwohl er »der König der Lüfte« war, erhielt er das gleiche Futter wie die Hühner. Nach einigen Jahren bekam der Mann von einem Vogelkundler Besuch, dem der Adler zwischen den Hühnern sofort auffiel. »Der Vogel dort ist kein Huhn, sondern ein Adler«, sagte er.

»Stimmt«, sagte der Mann, »aber ich habe ihn zu einem Huhn erzogen. Jetzt ist er kein Adler mehr, sondern ein Huhn.«

Der Vogelkundler schüttelte den Kopf. »Nein, er ist noch immer ein Adler, denn er hat das Herz eines Adlers und das wird ihn hoch in die Lüfte hinauftragen.«

»Nein, nein«, widersprach der Mann, »er ist inzwischen ein richtiges Huhn. Er kann gar nicht mehr wie ein Adler fliegen.«

Sie beschlossen, eine Probe zu machen. Der Vogelkundler nahm den Adler, hob ihn in die Höhe und sagte: »Adler, der du dem Himmel und nicht dieser Erde gehörst, breite deine Schwingen aus und fliege!« Der Adler blickte sich ängstlich auf der hochgestreckten Faust um. Vor sich sah er die Weite, hinter sich die Hühner nach ihren Körnern picken. Er sprang zu ihnen hinunter und pickte mit.

»Na also«, sagte der Hühnerbesitzer zufrieden, »ich hatte recht.«

Der Vogelkundler aber gab nicht auf. Am nächsten Tag stieg er mit dem Adler am Arm auf das Dach des Hauses, hob ihn empor und sagte: »Adler, breite deine Schwingen aus und fliege!« Wieder schaute der Adler zuerst nach vorn, dann zurück zu den scharrenden Hühnern im Hof. Und wieder sprang er zu ihnen hinunter und scharrte mit.

»Ich habe es dir ja gleich gesagt, er ist nun ein Huhn und er bleibt es auch«, sagte der Mann triumphierend.

Aber der Vogelkundler wollte noch immer nicht aufgeben. »Ich weiß, dass er ein Adler ist und noch immer das Herz eines Adlers hat. Lass es uns noch ein einziges Mal versuchen.« Am nächsten Morgen stieg er mit dem Adler auf einen hohen Berg. Er hob ihn empor und sagte zu ihm: »Adler, du gehörst dem Himmel und nicht dieser Erde. Breite deine Schwingen aus und fliege!« Der Adler zitterte, flog aber nicht. Da ließ ihn der Vogelkundler direkt in die Sonne schauen. Plötzlich breitete der Vogel seine Schwingen aus, erhob sich mit dem gewaltigen Schrei eines Adlers in die Luft und kehrte nie wieder zu den Hühnern zurück.

nach James Aggrey

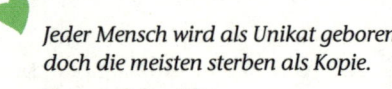

Jeder Mensch wird als Unikat geboren,
doch die meisten sterben als Kopie.

Kaspar Schmidt

50 Jahre Höflichkeit

Ein altes Ehepaar feierte nach fünfzig Ehejahren seine goldene Hochzeit. Beim Frühstück an diesem denkwürdigen Tag dachte die Frau: »Seit fünfzig Jahren nehme ich immer Rücksicht auf meinen Mann und gebe ihm den knusprigsten Teil des Brötchens. Heute möchte ich endlich auch einmal diese Delikatesse genießen.« Sie nahm sich die obere Hälfte, strich Butter und Marmelade darauf und reichte die untere Hälfte ihrem Mann.

Entgegen all ihren Erwartungen war seine Freude groß, er küsste sie und sagte: »Mein Schatz, du hast mir gerade die größte Freude dieses Tages gemacht! Seit fünfzig Jahren habe ich nicht mehr die untere Hälfte eines Brötchens gegessen – obwohl ich diese am liebsten mag. Ich habe sie immer dir überlassen, weil du sie so gerne isst.«

Die Minute, in der man zu tun beginnt, was
man tun will, ist der Anfang einer wirklich
anderen Art des Lebens.

Richard Buckminster Fuller

Unsere größte Angst

Unsere größte Angst ist nicht, unzulänglich zu sein.

Unsere größte Angst ist, dass wir über die Maßen stark sind.

Es ist unser Licht, nicht unsere Dunkelheit, was uns am meisten Angst macht.

Wir fragen uns, wer sind wir denn überhaupt, dass wir glauben, glänzend, großartig, talentiert und fabelhaft zu sein. Aber wer bist du, wenn nicht dies?

Du bist ein Kind Gottes.

Die Welt hat keinen Nutzen davon, wenn du dich klein machst. Es liegt nichts Erleuchtetes darin, sich zurückzunehmen, nur damit sich die Menschen in deiner Nähe nicht verunsichert fühlen.

Wir sind dafür geschaffen zu leuchten – wie Kinder es tun.

Wir wurden geboren, um die Größe Gottes kundzutun, die in uns ist. Sie ist nicht nur in einigen von uns; sie ist in uns allen.

Indem wir unser Licht strahlen lassen, erlauben wir anderen Menschen, dasselbe zu tun. Und sind wir erst von unseren eigenen Ängsten befreit, befreit unsere Gegenwart andere.
Marianne Williamson

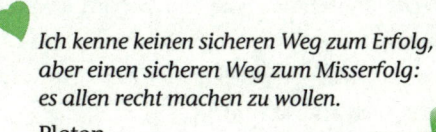

Ich kenne keinen sicheren Weg zum Erfolg,
aber einen sicheren Weg zum Misserfolg:
es allen recht machen zu wollen.

Platon

Haben Sie sich schon einmal gefragt, von welchen inneren Regeln Sie geleitet werden? Nach welchen inneren Gesetzen Sie Ihre Entscheidungen treffen?

Unsere Persönlichkeit besteht aus vielen Anteilen. Neben unserem inneren Kritiker gibt es auch den Teil in uns, der für Regeln und Gesetze zuständig ist. Der »innere Gesetzgeber« erstellt ununterbrochen Vorschriften, Anordnungen und gibt Werte vor, nach denen wir uns richten sollten.

Innerer Kritiker und innerer Gesetzgeber arbeiten eng zusammen. Beide sehen es als ihren Auftrag an, uns zu beschützen und möglichst unversehrt durch das Leben zu führen. Das funktioniert meistens auch ganz gut – denn Werte und Regeln helfen uns, dass wir uns in unserer Gesellschaft und im Miteinander mit anderen orientieren können. Doch kann es vorkommen, dass der innere Kritiker und der Regelmacher über ihr Ziel, uns Leitlinien an die Hand zu geben, hinausschießen und uns mit ihren Vorschriften gängeln. Denn immer dann, wenn wir im Begriff sind, eine Regel zu missachten, weil wir uns in einer neuen Situation einmal ganz anders verhalten möchten, meldet sich der innere Kritiker im Auftrag des Regelmachers zu Wort und weist uns mit »Das macht man nicht!« oder »Das hat so und nicht anders zu sein!« zurecht. Je nachdem, wie sehr wir uns davon beeindrucken lassen, wagen wir trotzdem eine neue Erfahrung. Oder lassen zu, dass unsere Begeisterung, Kreativität und Hoffnung im Keim erstickt wird.

Regeln sind, egal wer sie aufgestellt hat, nicht für alle Zeiten zementiert. Manchmal müssen wir für unser Lebensglück gegen sie verstoßen. Wie der Kranke in der Bibelgeschichte, als er sich trotz strengsten Verbots – am Sabbat durfte nicht geheilt werden – mit all seinem Gottvertrauen und seiner Hoffnung auf Heilung an Jesus wandte. Und geheilt wurde.

Haben Sie vielleicht schon einmal ähnliche Erfahrungen gemacht? Oder Freunde und Bekannte von Ihnen? Wenn Sie das nächste Mal denken: »Das darf ich nicht tun!«, dann stellen Sie sich folgende Fragen:

- Meine ich nur, dass ich es nicht tun kann, oder weiß ich es genau?
- Welche Regeln, Gebote und Verbote stecken dahinter?
- Welche Grenzen und Werte überschreitet mein Handeln?
- Bin ich für meinen inneren Regelmacher da, dem ich mich ständig unterordnen muss? Oder unterstützt er mich dabei, selbstbestimmt Neues zu wagen? Bietet er mir gar Leitlinien für ein zufriedenes und erfülltes Leben an?

 Sapere aude – habe den Mut, dich deines eigenen Verstandes zu bedienen.
Horaz

Unterwegs mit dem Esel

Ein Vater war mit seinem Sohn und einem Esel in unwegsamem Gelände unterwegs. Der Sohn ritt auf dem Esel, der Vater ging nebenher. Da rief ein Mann, der ihnen entgegenkam: »Wieso sitzt du Knirps auf dem Esel und lässt deinen alten Vater zu Fuß gehen? Du solltest dich schämen! Lass deinen Vater reiten!« Der Sohn rutschte vom Esel, der Vater saß auf, und nach einer Weile trafen sie eine Frau. Diese rief erbost: »Wie kann es sein, dass ein so kräftiger Mann auf dem Esel reitet? Dort gehört dein Sohn hin, so schwach und klein wie er ist.« Die Frau ging weiter, während Vater und Sohn beschlossen, die Reise gemeinsam auf dem Esel fortzusetzen. Fast hatten sie ihr Ziel erreicht, als ihnen erneut ein Mann begegnete: »Was für elende Tierquäler es doch gibt! Wie könnt ihr nur beide auf dem kleinen Esel reiten!« Vater und Sohn seufzten, stiegen ab und führten den Esel die restliche Strecke. Da kam wieder eine Frau des Weges. »Was für Esel seid ihr denn? Da habt ihr so ein kräftiges Tier, das nichts trägt, und ihr lauft nebenher. Das soll man nun verstehen …«

Der Sohn sah seinen Vater ratlos an. »Wie wir es auch machen, wir machen es falsch. Was sollen wir jetzt tun?«

»Das, was wir selbst für das Beste halten«, antwortete der Vater. »Denn recht machen werden wir es sowieso nie allen.«

Erinnere dich, dass alles nur Meinung ist und dass es in deiner Macht steht zu meinen, was du willst.
Mark Aurel

Eine Lebensrolle ist ein Bereich, für den wir in unserem beruflichen und privaten Leben Verantwortung haben. Nehmen Sie sich eine halbe Stunde Zeit und schreiben Sie alle Rollen auf, die Sie aktuell innehaben: die »Familienrolle« (Ehefrau, Mutter, Großmutter, Tochter), die »Berufs- und Freizeitrolle« (Abteilungsleiter, Chefin, Kassenwart im Verein) oder die Rolle als Freund bzw. Freundin … Denken Sie auch an die, die Sie im Zusammenhang mit Ihrer Gesundheit spielen. Was tun Sie für Ihr Wohlbefinden, welchen Hobbys gehen Sie nach?

Haben Sie Ihre Rollen identifiziert, dann fragen Sie sich, was sie Ihnen bedeuten: Mit welchen Rollen fühlen Sie sich wohl, was ist Ihnen besonders wichtig und ergibt für Sie Sinn? Diese »Hauptrollen« markieren Sie mit einem Plus. Rollen, mit denen Sie sich eher unwohl fühlen, die für Sie weniger wichtig sind und Ihnen vielleicht sogar Zeit rauben, erhalten ein Minus. Wenn es Bereiche gibt, die Sie nicht richtig einschätzen können, setzen Sie ein Fragezeichen.

Lassen Sie das Bild Ihrer aktuellen Lebenssituation auf sich wirken. Ist es gut so? Fühlt es sich richtig an? Werden Sie allen Rollen gerecht oder sind es zu viele? (Mehr als sieben unterschiedliche Hauptrollen sollten Sie nicht haben.) Oder sind es vielleicht sogar zu wenige? Stehen Ihre Haupt- und Nebenrollen im Einklang mit Ihren Lebenszielen? Oft fordern gerade Nebenrollen, die für das Erreichen des Lebensziels nur wenig Bedeutung haben, viel Zeit und Energie.

Schauen Sie genau hin: Welche Ihrer Rollen können bleiben, welche sollen – oder müssen kurz-, mittel- oder langfristig – anders werden, damit Sie mit Ihrem Leben (wieder) zufriedener werden und auch Ihr Lebensziel nicht aus den Augen verlieren?

Leben oder gelebt werden

Es gibt Menschen, die nicht leben, sondern gelebt werden, weil sie erst lernen müssen, was leben heißt. Einst hatte auch ich zu ihnen gehört. Ich war gelebt worden und hatte dies mit schwerem, bitterem, viele Jahre langem Weh bezahlen müssen. Dann hatte ich mich von denen, die mich lebten, freigemacht. Eine böse, mühe- und enttäuschungsvolle Lehr- und Gesellenzeit war gefolgt. Und heute nun sah ich mich endlich, endlich vor die Notwendigkeit des Beweises gestellt, nicht mehr Knecht, sondern Herr meiner selbst zu sein.

Karl May

Sobald du dir selbst vertraust,
sobald weißt du zu leben.
Johann Wolfgang von Goethe

Der Fischer und der Urlauber

In einem kleinen italienischen Fischerdorf schlenderte ein Urlauber durch einen Hafen. Bei einem Fischer, der auf einer Bank saß und auf das Meer hinausblickte, blieb er stehen und setzte sich zu ihm.

»Darf ich Sie etwas fragen?«, sprach er den Mann an. Der Mann nickte.

»Warum sind Sie nicht draußen auf dem Meer, um Fische zu fangen?«

»Warum sollte ich das tun?«, fragte der Mann erstaunt.

»Nun, wenn Sie Ihr Netz beständig füllen würden, könnten Sie viel Geld verdienen und dieses dann gewinnbringend anlegen«, sagte der Urlauber.

»Wozu wäre das gut?«, fragte der Mann.

»Wenn Sie richtig gut verdienen und das Geld klug anlegen, können Sie von den Zinsen leben und sich insgesamt sehr viel mehr leisten!«

Der Fischer schüttelte bedächtig den Kopf, sah wieder auf das Meer hinaus und antwortete: »Alles, was ich brauche, habe ich schon.«

nach Heinrich Böll

Gut mit sich umgehen

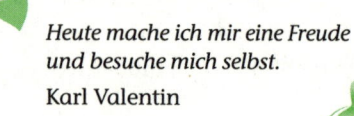

*Heute mache ich mir eine Freude
und besuche mich selbst.*
Karl Valentin

Jeden Tag einen Menschen glücklich machen
Eine erfolgreiche Managerin fragte in ihrem Meditationsseminar den Meister nach dem Geheimnis eines erfolgreichen Lebens. »Mach jeden Tag einen Menschen glücklich«, antwortete der Meister. Nach einem Moment des Innehaltens fügte er hinzu: »Auch wenn du selbst dieser Mensch bist.«

Er sah die Managerin nachdenklich an und korrigierte sich: »*Vor allem* wenn du selbst dieser Mensch bist.«

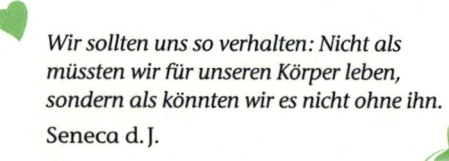

*Wir sollten uns so verhalten: Nicht als
müssten wir für unseren Körper leben,
sondern als könnten wir es nicht ohne ihn.*
Seneca d. J.

Die drei Sprachen

Ein alter Graf verzweifelt an seinem Sohn. Was er ihm auch beibringen will – der Junge scheint nichts zu lernen. Schließlich gibt der Vater auf und schickt seinen Sohn in eine fremde Stadt zu einem berühmten Meister in die Lehre. Nach einem Jahr kommt der Sohn zurück und der Vater fragt: »Nun, was hast du gelernt?«

»Ich kann verstehen, was die Hunde bellen«, sagt der Sohn.

»Das darf doch nicht wahr sein!«, ruft der Vater und beschließt, den Sohn bei einem weiteren Meister ausbilden zu lassen. Bei seiner Rückkehr antwortet er auf die Frage des Vaters, was er gelernt habe:

»Nun habe ich gelernt zu verstehen, was die Vögel erzählen.«

Der Vater, wütend über so viel Dummheit, will noch einen letzten Versuch wagen. Der Junge wird erneut in eine ferne Stadt zu einem Meister geschickt. Nachdem das Jahr vorüber ist, berichtet er dem Vater:

»Ich kann jetzt auch verstehen, was die Frösche quaken.«

Da bricht der alte Graf zusammen und verstößt den in seinen Augen unfähigen, nichtsnutzigen Sohn.

Der Junge wandert los und kommt abends an eine Burg, wo er um ein Nachtlager bittet. »Du kannst im Turm schlafen«, sagt der Burgherr. »Aber dort ist es lebensgefährlich, es wimmelt vor wilden Hunden. Ab und zu brechen sie aus und fallen einen Menschen an. Wir wissen nicht, wo sie herkommen und wie wir sie wieder loswerden können. Das ganze Dorf hat schreckliche Angst.«

»Ich nicht«, sagt der Junge, packt etwas Futter in seine Taschen und geht in den Turm. Weder bellen die Hunde noch greifen sie ihn an, im Gegenteil: Er wird von ihnen mit freundlichem Schwanzwedeln begrüßt. Er füttert sie und die Hunde lassen sich sogar von ihm streicheln. Am andern Morgen sagt der Junge zu dem Burgherrn: »Die Hunde haben mir erzählt, warum sie hier hausen und so viel Unheil anrichten. Sie sind verwünscht und müssen einen großen Schatz hüten, der tief unten im Turm liegt. Sie kommen nicht eher zur Ruhe, bis dieser gehoben ist. Wie man dies macht, weiß ich auch.«

Der Burgherr ist außer sich vor Freude, und auch die Menschen im Dorf schöpfen wieder Hoffnung. In der nächsten Nacht birgt der Junge mit Hilfe der Hunde eine über und über mit Gold gefüllte Truhe. Als er sie in das Tageslicht hinausbringt, verstummt plötzlich das Gebell und niemals wieder wurden die wilden Hunde gesehen und gehört.

Dem Jungen, der beim Grafen nun Gastrecht auf Lebenszeit genießt, wird es bald zu langweilig in der Burg. Er will hinaus in die Welt und macht sich auf nach Rom, wo gerade der Papst gestorben ist. Als er auf dem Petersplatz ankommt, setzen sich zwei weiße Tauben auf seine Schulter. Die Kardinäle deuten dies als Zeichen Gottes und wollen ihn zum neuen Papst ernennen. Das hatte der Junge auf seinem Weg nach Rom auch schon von den Fröschen im Sumpf gehört – und es hatte ihn erschreckt. Denn er war sich sicher, dieses höchste Amt nicht ausfüllen zu können. Doch die Tauben auf seiner Schulter reden ihm gut zu, das Amt anzunehmen. Er wird zum Papst ernannt und als er seine erste Messe liest, flüstern die Tauben ihm alles, was er sagen muss, ins Ohr.

nach den Gebrüdern Grimm

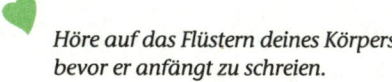

Höre auf das Flüstern deines Körpers,
bevor er anfängt zu schreien.

Ann Weiser Cornwell

Impuls: Wie gehen Sie mit sich um?

Wie wir mit unserem Körper und unserer Gesundheit umgehen, sagt viel über unsere Selbstachtung aus. »Gesundheit ist nicht alles. Aber ohne Gesundheit ist alles nichts«, hat Arthur Schopenhauer treffend formuliert. Denn Gesundheit trägt wesentlich dazu bei, dass wir uns in unserem Leben wohlfühlen, sie schenkt uns Vitalität und Leistungsfähigkeit und damit die Voraussetzungen, das Leben zu genießen.

Gesundheit bedeutet aber nicht nur körperliches Wohlbefinden – sie bezieht auch das psychische und soziale Wohlergehen mit ein und wird von jedem anders wahrgenommen. Empfinden wir Gesundheit nicht als eine Selbstverständlichkeit, sondern als einen Wert an sich, sind wir auch bereit, Verantwortung für sie zu übernehmen. Wir hören aufmerksam hin, wenn unser Körper oder unsere Seele anfängt zu »bellen«, und handeln entsprechend.

Achten Sie auf Ihre Gesundheit? Gehen Sie gut mit sich um?

– Wie wichtig sind Ihnen Ihre Gesundheit und Ihr Wohlbefinden? Was tun Sie dafür?

- Wie gut geht es Ihnen gerade? »Bellt« da etwas? Wenn ja, wie laut?
- Verstehen Sie das »Bellen«? Was unternehmen Sie, um es verstehen zu lernen?
- Was tun Sie, damit es Ihnen gut geht und Sie sich Ihre körperliche und geistige Gesundheit und Leistungsfähigkeit erhalten?
- Welche körperlichen Schwächen haben Sie und wie gehen Sie mit ihnen um?
- Welche Stärken könnten in Ihren Schwächen liegen?
- Wie möchten Sie Ihr Alter gestalten? Möchten Sie in guter körperlicher und seelischer Verfassung zufrieden und aktiv am Leben teilnehmen? Wenn ja – was können, was müssen Sie jetzt schon dafür tun?

Und wenn Sie etwas Gutes für Ihre Seele tun möchten: Schreiben Sie doch mal einen Liebesbrief auf ganz besonderem Briefpapier an sich! Was würde darin stehen?

 Tu deinem Leib etwas Gutes, damit deine Seele Lust hat, darin zu wohnen.
Teresa von Avila

Was unsere Hilfe braucht

Wir haben keinen Grund, gegen unsere Welt Misstrauen zu haben, denn sie ist nicht gegen uns. Hat sie Schrecken, so sind es *unsere* Schrecken, hat sie Abgründe, so gehören diese Abgründe uns, sind Gefahren da, so müssen wir versuchen, sie zu lieben.

Und wenn wir nur unser Leben nach jenem Grundsatz einrichten, der uns rät, dass wir uns immer an das Schwere halten müssen, so wird das, welches uns jetzt noch als das Fremdeste erscheint, unser Vertrautestes und Treuestes werden. Wie sollten wir jener alten Mythen vergessen können, die am Anfange aller Völker stehen, der Mythen von den Drachen, die sich im äußersten Augenblick in Prinzessinnen verwandeln; vielleicht sind alle Drachen unseres Lebens Prinzessinnen, die nur darauf warten, uns einmal schön und mutig zu sehen. Vielleicht ist alles Schreckliche im tiefsten Grunde das Hilflose, das von uns Hilfe will.

Rainer Maria Rilke, aus: Briefe an einen jungen Dichter

Deine erste Pflicht ist, dich selbst glücklich zu machen. Bist du glücklich, so machst du auch andere glücklich.

Ludwig Andreas Feuerbach

Wir sind genauso wichtig wie andere Menschen, wir sind sogar der wichtigste Mensch in unserem Leben. Und wie jedem anderen Menschen auch steht es uns zu, dass wir uns im Bewusstsein des Wertes unserer eigenen Persönlichkeit für uns entscheiden und einsetzen. Denn unsere Kraft und Energie sind nicht endlos.

Wie jeder Mensch haben Sie das Recht

– … Ihre Gefühle, Bedürfnisse und Meinung zu äußern
– … Ihre Meinung zu ändern
– … sich immer wieder neu zu entscheiden
– … Ihre Gründe und Entscheidungen nicht zu erklären oder zu rechtfertigen
– … mit Achtung behandelt zu werden
– … nicht sofort antworten zu müssen
– … Fehler zu machen
– … etwas nicht zu verstehen und nachzufragen
– … die Verantwortung für die Probleme anderer Menschen abzulehnen
– … zu äußern, was Sie wünschen, und zu fordern, was Ihnen zusteht
– … auch einmal unsicher zu sein
– … Auseinandersetzungen aus dem Wege zu gehen

Neigen Sie dazu, immer sofort zur Stelle zu sein, wenn es um die Anliegen von anderen geht, ignorieren aber häufig Ihre eigenen Bedürfnisse? Wenn Sie das nächste Mal um etwas gebeten werden, Sie aber schon etwas anderes geplant haben, dann antworten Sie: »Ich schaue gern in meinem Kalender, ob ich Zeit habe, und melde mich dann.« Dies verschafft Ihnen Bedenkzeit, in der Sie sich fragen können:

- Möchte ich das?
- Habe ich auch etwas davon und werde zufriedener?
- Was könnte ich in der Zeit, die ich investiere, für mein persönliches Anliegen tun, um selbst weiterzukommen?

Wenn Ihre Antworten so ausfallen, dass Sie die Bitte ablehnen möchten, dann tun Sie es freundlich, aber bestimmt. Denken Sie daran: Ein Nein lehnt nicht den Menschen ab, der um etwas bittet, sondern eine Sache. Außerdem: Ein Nein bedeutet immer auch ein Ja zum eigenen Leben – Sie drücken damit sich selbst und Ihren eigenen Bedürfnissen gegenüber Wertschätzung aus.

Und so, wie Sie ein Recht auf ein Nein haben, so haben es natürlich auch Ihre Mitmenschen. Wenn Sie die folgenden Fragen ehrlich beantworten und je nach Ergebnis der Antwort an Ihrer Einstellung arbeiten, wird Ihnen Ihr eigenes Nein bald leichter fallen:

- Kann ich ein Nein akzeptieren? Oder neige ich dazu, den anderen umstimmen zu wollen?
- Bin ich beleidigt, wenn andere meine Bitten nicht erfüllen?
- Kann ich mit meiner Enttäuschung als Reaktion auf ein Nein umgehen?

*Die kürzesten Wörter, nämlich ja und
nein, erfordern das meiste Nachdenken.*

Pythagoras von Samos

Nur heute

– Nur heute werde ich mich bemühen, einfach den Tag zu
  erleben, ohne alle Probleme meines Lebens auf einmal
  lösen zu wollen.

– Nur heute werde ich größten Wert auf mein Auftreten legen und vornehm sein in meinem Verhalten. Ich werde
  niemanden kritisieren, ja ich werde nicht danach streben,
  die anderen zu korrigieren oder zu verbessern – nur mich
  selbst.

– Nur heute werde ich in der Gewissheit glücklich sein, dass
  ich für das Glück geschaffen bin – nicht nur für die anderen, sondern auch für diese Welt.

– Nur heute werde ich mich an die Umstände anpassen,
  ohne zu verlangen, dass die Umstände sich an meine
  Wünsche anpassen.

– Nur heute werde ich zehn Minuten meiner Zeit einer guten Lektüre widmen. Wie die Nahrung für das Leben des
  Leibes notwendig ist, ist eine gute Lektüre notwendig für
  das Leben der Seele.

– Nur heute werde ich eine gute Tat vollbringen, und ich
  werde es niemandem erzählen.

– Nur heute werde ich etwas tun, wozu ich keine Lust habe.

Sollte ich mich in meinen Gedanken beleidigt fühlen, werde ich dafür sorgen, dass es niemand merkt.

– Nur heute werde ich ein genaues Programm aufstellen. Vielleicht halte ich mich nicht daran, aber ich werde es aufsetzen. Und ich werde mich vor zwei Übeln hüten: vor der Hetze und vor der Unentschlossenheit.

– Nur heute werde ich keine Angst haben. Ganz besonders werde ich keine Angst haben, mich an allem zu freuen, was schön ist – und ich werde an die Güte glauben.

– Nur heute werde ich fest daran glauben – selbst wenn die Umstände das Gegenteil zeigen sollten –, dass die gütige Vorsehung Gottes sich um mich kümmert, als gäbe es sonst niemanden auf der Welt.

Nimm dir nicht zu viel vor. Es genügt die friedliche, ruhige Suche nach dem Guten an jedem Tag zu jeder Stunde und ohne Übertreibung und mit Geduld.
Papst Johannes XXIII. zugeschrieben

Das Dasein ist köstlich, man muss nur den Mut haben, sein eigenes Leben zu führen.
Peter Rosegger

Obwohl zum Innehalten die Zeit nicht ist, wird einmal keine Zeit mehr sein, wenn wir jetzt nicht innehalten.

Christa Wolf

Vom Umgang mit der Zeit

Unsere Zeit ist unser Leben. Was machen wir mit ihr? Und was macht sie mit uns? Unsere Zeit erleben wir immer wieder anders. Unterhalten wir uns angeregt, verfliegt eine halbe Stunde nur so. Warten wir hingegen auf jemanden oder stehen in der Mittagspause in der Schlange an der Supermarktkasse, können Minuten zur Ewigkeit werden. Und immer gibt es dieses Gefühl, hetzen zu müssen, weil viel zu wenig Zeit da ist. Aber wofür eigentlich? Zu wenig Zeit für uns? Wie kann das sein, wo wir doch ständig mit uns zusammen sind? Es liegt wohl daran, dass unsere Zeit zum großen Teil mit Aktivitäten und Verpflichtungen ausgefüllt ist, die mit unseren Lebensumständen zu tun haben: Beruf, Familie, Freunde, Freizeit – dazu kommt die ständige Erreichbarkeit. In einer immer komplexer werdenden und äußerst leistungsorientierten Welt will alles geplant und gut gemacht werden. Und vor lauter To-dos ist irgendwann ein so hohes Lebenstempo erreicht, das uns – nicht selten am Rande der Belastungsgrenze – nur noch reflexhaft reagieren lässt. Unseren individuellen Lebensrhythmus haben wir aus den Augen verloren, von Muße ganz zu schweigen. Dabei brauchen wir die Zeit, die wir nach unserem eigenen Wunsch nutzen können, so nötig. Wir sind auf regelmäßige Ruhephasen, in denen unser Körper und unser Geist ausspannen können, angewiesen. Nur durch sie können wir überhaupt wieder ein Gespür für unser eigenes Tempo bekommen.

Zeiten der Muße zu erleben, einen Raum, in dem wir unseren Gedanken nachhängen können und uns nur den Dingen widmen, die uns Freude machen – viele von uns haben verlernt, wie wohltuend das sein kann. Doch wir können es wieder einüben, indem wir uns ganz bewusst für eine »verpflichtungsfreie« Zeit entscheiden. Und uns diese ohne Wenn und Aber und nur mit Rücksicht auf uns selbst nehmen. In dem Moment, in dem wir wieder Muße in unsere Tage einziehen lassen, nehmen wir auch das Tempo aus unserem Leben. Manchmal wird dies der Beginn einer neuen Lebenseinstellung: nicht ständig erreichbar sein zu wollen, nicht immer alles wissen zu müssen und so mutig zu sein, es nicht immer jedem recht machen zu wollen.

Jeder von uns verfügt über ein ganz eigenes, individuelles Leistungsvermögen, und auch unsere Stressresistenz ist sehr unterschiedlich ausgeprägt. Doch niemand ist körperlich und geistig unbegrenzt und vor allem permanent belastbar. Wir müssen uns die Bedeutung des Wechsels von Anspannung und Entspannung, der allem Lebendigen zugrunde liegt, wieder bewusst machen. Nur so können wir herausfinden, was uns stresst oder Angst macht, was gerade zu viel ist, was uns guttut und uns schadet. Nur so können wir Prioritäten setzen: Was ist mir wichtig? Was ist bei diesem Vorgang das Wichtigste? Was kann warten?

Die Fähigkeit, Wesentliches von Unwesentlichem unterscheiden zu können, ist der Schlüssel dazu, wieder Einfluss auf das eigene Leben zu nehmen und Stress zu reduzieren. Erwerben und ausbauen können wir sie über den lebendigen Kontakt zur Gegenwart und zu uns selbst – über Achtsamkeit. Achtsam sein bedeutet, dem, was gerade ist, ungeteilte Aufmerksamkeit zu schenken, es ohne Bewertung wahrzunehmen und so, wie es ist, sein lassen zu können. Indem wir darüber entscheiden, wohin wir unsere entspannte Aufmerksamkeit lenken, bestimmen wir, was wir näher an uns heranlassen und was weiter entfernt seinen Platz haben soll. Dieses klare Erkennen und Sortieren von Geräuschen, Gefühlen und Gedanken ist es auch, was Achtsamkeitsübungen so wohltuend und wirkungsvoll macht: Zwischen den Impulsen der Umwelt und uns entsteht ein Raum, der Abstand ermöglicht und so die Chance bietet, unser Verhalten zu reflektieren. Oder wie es der österreichische Psychiater Viktor E. Frankl ausgedrückt hat: »Der Raum zwischen Reiz und Reaktion ist die Freiheit.«

Unsere Lebenszeit ist das Wertvollste, was wir besitzen. Und sie ist begrenzt. Sterbende bedauern oft, zu viel Zeit in die Arbeit und zu wenig in Freundschaften und das eigene Glücklichsein investiert zu haben.

Machen wir uns daher die Zeitspanne, die wir zur Verfügung haben, bewusst, halten wir inne und fragen uns: Was zählt für mich? Wie will ich wirklich leben?

Fangen wir an, auf unsere Zeit und uns in ihr zu achten.

*Strebe nach Ruhe, aber durch das Gleichgewicht,
nicht durch den Stillstand deiner Tätigkeit.*
Friedrich von Schiller

Gönne dich dir selbst

Wo soll ich anfangen? Am besten bei deinen zahlreichen Beschäftigungen, denn ihretwegen habe ich am meisten Mitleid mit dir. Ich fürchte, dass du, eingekeilt in deine zahlreichen Beschäftigungen, keinen Ausweg mehr siehst und deshalb deine Stirn verhärtest; dass du dich nach und nach des Gespürs für einen durchaus richtigen und heilsamen Schmerz entledigst. Es ist viel klüger, du entziehst dich von Zeit zu Zeit deinen Beschäftigungen, als dass sie dich ziehen und dich nach und nach an einen Punkt führen, an dem du nicht landen willst. Du fragst, an welchen Punkt? An den Punkt, wo das Herz anfängt, hart zu werden. Frage nicht weiter, was damit gemeint sei: wenn du jetzt nicht erschrickst, ist dein Herz schon so weit.

Das harte Herz ist allein; es ist sich selbst nicht zuwider, weil es sich selbst nicht spürt. Was fragst du mich? Keiner mit hartem Herzen hat jemals das Heil erlangt, es sei denn, Gott habe sich seiner erbarmt und ihm, wie der Prophet sagt, sein Herz aus Stein weggenommen und ihm ein Herz aus Fleisch gegeben. Wenn du dein ganzes Leben und Erleben völlig ins Tätigsein verlegst und keinen Raum mehr für Besinnung vorsiehst, soll ich dich da loben?

Darin lobe ich dich nicht. Ich glaube, niemand wird dich loben, der das Wort Salomons kennt: »Wer seine Tätigkeit einschränkt, erlangt Weisheit« (Sir 38,25). Und bestimmt ist es der Tätigkeit selbst nicht förderlich, wenn ihr nicht die Besinnung vorausgeht.

Wenn du ganz und gar für alle da sein willst, nach dem Beispiel dessen, der allen alles geworden ist (1. Kor 9,22), lobe ich deine Menschlichkeit – aber nur, wenn sie voll und echt ist. Wie kannst du aber voll und echt sein, wenn du dich selber verloren hast? Auch du bist ein Mensch. Damit deine Menschlichkeit allumfassend und vollkommen sein kann, musst du also nicht nur für alle anderen, sondern auch für dich selbst ein aufmerksames Herz haben. Denn was würde es dir nützen, wenn du – nach dem Wort des Herrn (Mt 16,26) – alle gewinnen, aber als Einzigen dich selbst verlieren würdest? Wenn also alle Menschen ein Recht auf dich haben, dann sei auch du selbst ein Mensch, der ein Recht auf sich selbst hat. Warum solltest einzig du selbst nicht von dir alles haben? Wie lange bist du noch ein Geist, der auszieht und nie wieder heimkehrt (Ps 78,39)? Wie lange noch schenkst du allen anderen deine Aufmerksamkeit, nur nicht dir selber?

Ja, wer mit sich schlecht umgeht, wem kann der gut sein? Denk also daran: Gönne dich dir selbst. Ich sage nicht: Tu das immer, ich sage nicht: Tu das oft, aber ich sage: Tu es

immer wieder einmal. Sei wie für alle anderen auch für dich selbst da, oder jedenfalls sei es nach allen anderen.
Bernhard von Clairvaux (um 1090–1153) an seinen früheren Mönch Papst Eugen III.

Wir sind nur ein einziges Mal geboren, zweimal geboren zu werden ist nicht möglich. Eine ganze Ewigkeit hindurch werden wir nicht mehr sein dürfen! Und da schiebst du das, was Freude macht, auf, obwohl du nicht einmal Herr bist über das Morgen! Über dem Aufschieben schwindet das Leben dahin und so manch einer von uns stirbt, ohne sich jemals Muße gegönnt zu haben.

Epikur

Die stillen Tage

Ich habe mich oft gefragt, ob nicht gerade die Tage, die wir gezwungen sind, müßig zu sein, diejenigen sind, die wir in tiefster Tätigkeit verbringen? Ob nicht unser Handeln selbst, wenn es später kommt, nur der letzte Nachklang einer großen Bewegung ist, die in untätigen Tagen in uns geschieht? Jedenfalls ist es sehr wichtig, mit Vertrauen müßig zu sein, mit Hingabe, womöglich mit Freude.
Rainer Maria Rilke in einem Brief an Tora Holmström, 24. August 1904

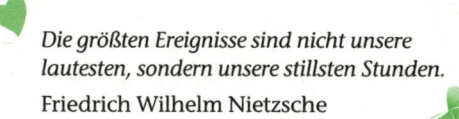

Die größten Ereignisse sind nicht unsere lautesten, sondern unsere stillsten Stunden.
Friedrich Wilhelm Nietzsche

Impuls: Das Lebenstempo reduzieren

Kennen Sie das? Sie hetzen von Aufgabe zu Aufgabe, von Termin zu Termin und schaffen es nicht, auch nur einen Augenblick innezuhalten.

Welche Momente der Ruhe gönnen Sie sich in Ihrem Alltag? Wo und wann tanken Sie wieder Kraft?

Hier einige Ideen, die Sie dabei unterstützen, Ihre zu hohe Lebensgeschwindigkeit zu entschleunigen.

Atmen Sie richtig

Wie angespannt wir sind, können wir am Zustand unserer Atmung erkennen. Sind wir entspannt, ist die Atmung langsam und rhythmisch, Stress hingegen lässt uns schnell und flach atmen.

Halten Sie, insbesondere an stressigen Tagen, mehrmals täglich inne und fragen Sie sich: Wie geht es mir gerade? Über was denke ich nach? Welche Gefühle und welche Körperempfindungen nehme ich wahr? Beobachten Sie nur, bewerten Sie nichts. Atmen Sie dabei immer wieder tief in den Bauch ein und lassen Sie die Luft so langsam – als würden Sie sie durch einen Strohhalm leiten – und so vollständig wie möglich ausströmen.

Ausatmen ist noch wichtiger als Einatmen: Es bringt die eigentliche Entspannung, reinigt von verbrauchter Luft und schafft in den Lungenbläschen Platz für sauerstoffreiche Luft. Idealerweise atmen Sie doppelt so lange aus, wie Sie einatmen. Zählen Sie einfach mit.

Schnauben Sie wie ein Pferd

Wenn Pferde entspannt sind, schnauben sie. Das tut auch uns gut.

Schließen Sie den Mund locker und lassen Sie die Luft langsam durch die Lippen ausströmen, so dass diese ins Vibrieren kommen. Wenn Sie möchten, können Sie dabei auch einen oder mehrere Töne mitschwingen lassen. Wiederholen Sie dies einige Sekunden. Wenn Sie einen Seufz- oder Gähnimpuls verspüren, wirkt die Entspannung.

Entspannen Sie die Muskeln

Wenn Sie spüren, dass Ihre Muskeln – z. B. nach langem Sitzen vor dem Bildschirm – angespannt sind, hilft diese Übung: Spannen Sie die verspannten Körperpartien bewusst noch ein wenig mehr an, zählen Sie langsam bis fünf und lassen Sie dann locker. Sie können dies auch mit Ihren Fäusten, Armen und Beinen machen. Das wirkt sich nicht nur entspannend auf die Muskulatur aus – es beruhigt auch den Geist.

Verplanen Sie nicht die gesamte Woche

Gestalten Sie Ihr Freizeitprogramm so, dass Ihnen Luft zum Durchatmen bleibt. Zwei Tage mit fixen Terminen genügen völlig. Meist kommt ganz ohne eigenes Zutun sowieso noch ein weiterer hinzu.

Treffen Sie sich einen Abend mit sich

Reduzieren Sie Ihr Lebenstempo, indem Sie konsequent mindestens einen Abend in der Woche Qualitätszeit für sich einplanen. An diesem Abend sind Sie für niemanden erreichbar, nur für sich selbst, und Sie machen nur das, worauf Sie Lust haben und was Ihnen guttut. Es gibt keinerlei Verpflichtungen außer der, dass Sie sich wirklich an Ihre Vereinbarung halten, sich »Ihren« Abend zu nehmen. Vielleicht kochen Sie ein leckeres Essen, das Sie sich sonst aus Zeitmangel nicht zubereiten würden? Vielleicht machen Sie es sich auf Ihrer Couch bequem und vertiefen sich in ein Buch? Vielleicht gehen Sie ins Kino?

Es liegt natürlich nahe, an diesem Abend Verabredungen zu planen, die schon längst überfällig sind. Doch Vorsicht: In angenehmer Gesellschaft rast die Zeit nur so dahin. Wenn Sie wirkliche Qualitätszeit mit sich selbst verbringen möchten, dann sollten Sie diese auch ganz bewusst allein gestalten und genießen.

Planen Sie immer genug Zeit ein

Planen Sie die Zeit, die Sie benötigen, immer großzügig und

mit einem zeitlichen Puffer ein. Häufig dauern die Dinge viel länger, als man denkt, und oft genug kommt etwas Unvorhergesehenes dazwischen. Knappe Zeitkalkulation verursacht nur unnötigen Druck.

Tragen Sie, wenn Sie das Haus verlassen müssen, die Zeit Ihres Aufbruchs in Ihren Terminkalender ein. So haben Sie fixiert, bis wann Sie Ihre »famous last things« erledigen können. Wobei: Viele Themen stellen sich bei genauer Betrachtung als gar nicht so dringlich dar, wie sie auf den ersten Blick erscheinen. Verzichten Sie daher am besten darauf, vor Ihrem Termin noch möglichst viele E-Mails, Telefonate oder Gespräche »abzuarbeiten«. Machen Sie sich lieber zeitig auf den Weg. Planen Sie so, dass Sie bei allen geschäftlichen Terminen, aber auch bei Arztbesuchen oder Fahrten mit der S-Bahn immer fünf bis zehn Minuten zu früh vor Ort sind. So haben Sie Ruhe und Zeit, um sich auf die neue Umgebung, Ihren Gesprächspartner und die Inhalte einzustimmen. Stress ist nicht selten hausgemacht. Und wir selbst können ihn vermeiden.

(Einzige Ausnahme: Bei privaten Einladungen ist es unpassend, überpünktlich zu erscheinen, da man den Gastgeber bei seinen letzten Vorbereitungen stören könnte.)

Lassen Sie sich nicht von Mails überrollen
Planen Sie eine bestimmte Zeit für die Beantwortung von Mails ein und konzentrieren Sie sich außerhalb dieser Zeit auf die übrige Arbeit.

Anspannung ist eine Angewohnheit,
Entspannung ist eine Angewohnheit.
Schlechte Angewohnheiten kann
man ablegen, gute fördern.

William James

Nimm dir Zeit

Nimm dir Zeit, um zu arbeiten – es ist der Preis des Erfolges.

Nimm dir Zeit, um nachzudenken – es ist die Quelle der Kraft.

Nimm dir Zeit, um zu spielen – es ist das Geheimnis der Jugend.

Nimm dir Zeit, um zu lesen – es ist die Grundlage des Wissens.

Nimm dir Zeit, um freundlich zu sein – es ist der Weg zum Glück.

Nimm dir Zeit, um zu lieben und geliebt zu werden – es ist der wahre Reichtum des Lebens.

Nimm dir Zeit, um zu lachen, es ist die Musik der Seele.

Nimm dir Zeit zur Andacht – sie wäscht den irdenen Staub aus den Augen.

Nach einem alten irischen Gebet

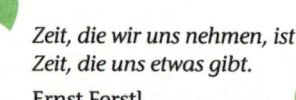

Zeit, die wir uns nehmen, ist
Zeit, die uns etwas gibt.

Ernst Ferstl

Impuls: Die Lebenswunschliste

Überlegen Sie sich in einer ungestörten Stunde zehn Dinge, die Sie gern tun würden, für die Sie aber bisher nie die Zeit gefunden haben.

Ordnen Sie diese Wünsche so, dass der erste derjenige ist, der am wenigsten Vorbereitung benötigt, der letzte der, für den Sie den längsten Vorlauf einplanen müssen.

Geben Sie sich schriftlich das Versprechen, sich nach und nach jeden Monat einen der Wünsche Ihrer Liste zu erfüllen. Wenn Sie dem Versprechen mit sich selbst nicht trauen, beziehen Sie eine Ihrer Vertrauenspersonen mit ein und verpflichten Sie sich dieser gegenüber, an Ihrer Wunscherfüllung zu arbeiten.

Alle Lebewesen außer den Menschen
wissen, dass der Hauptzweck des Lebens
darin besteht, es zu genießen.

Samuel Butler

Prioritäten richtig setzen

Die Arbeit läuft dir nicht davon, wenn du deinem Kind den Regenbogen zeigst. Aber der Regenbogen wartet nicht, bis du mit der Arbeit fertig bist.

Chinesische Weisheit

Das stumpfe Sägeblatt

Ein Wanderer beobachtete auf seinem Weg durch den Wald einen Waldarbeiter, der Baumstämme in kleine Stücke zersägte. Der Arbeiter sägte mit einer alten Handsäge, der Schweiß floss ihm in Strömen über das Gesicht. Dem Wanderer fiel auf, dass der Arbeiter ein altes, abgenutztes Sägeblatt verwendete. »Ihr Sägeblatt ist ja ganz stumpf. Warum schärfen Sie es denn nicht?«, fragte er.

»Schärfen?«, fragte der Arbeiter zurück und wischte sich den Schweiß aus der Stirn. »Jetzt? Sie haben Nerven! Sehen Sie nicht die vielen Baumstämme hier? Die muss ich alle bis morgen in kleine Stücke zersägt haben. Glauben Sie im Ernst, da hätte ich Zeit, das Sägeblatt zu schärfen?«

*Es ist nicht zu wenig Zeit, die wir haben, sondern
es ist zu viel Zeit, die wir nicht nutzen.*

Seneca

Impuls: Was ist Ihnen wichtig?

Im Gewirr von Aufgaben, Möglichkeiten und Pflichten kann
es leicht passieren, dass wir das, was uns wirklich wichtig ist,
völlig aus den Augen verlieren. Nehmen Sie sich eine Stunde
Zeit, Stift und Papier und überlegen Sie, was Sie tun würden,
wenn Sie nur noch ein Jahr zu leben hätten. Denken Sie auch
darüber nach, was Sie auf keinen Fall mehr machen würden.

*Lebenskunst ist die Kunst des richtigen
Weglassens.*

Coco Chanel

Ablenkung oder Konzentration

Man hat für so viele nutzlose Dinge Zeit: allerhand unnutzes
Zeug aus Büchern, Zeitschriften und Zeitungen zusammen-
zulesen, in Cafés herumzusitzen und auf der Straße Viertel-
und halbe Stunden zu verschwatzen: alles »Zerstreuungen«,

in denen man Zeit und Kraft splitterweise verschleudert. Sollte es wirklich nicht möglich sein, eine Morgenstunde herauszusparen, in der man sich nicht zerstreut, sondern sammelt, in der man sich nicht verbraucht, sondern Kraft gewinnt, um den ganzen Tag davon zu bestreiten?

Edith Stein, aus: Das Weihnachtsgeheimnis

Kleine und große Steine

Im Seminar geht es um Zeitmanagement. Der Seminarleiter stellt einen leeren 5-Liter-Wasserkrug auf den Tisch. Dann legt er vorsichtig zehn große Steine hinein.

»Ist der Krug jetzt voll?«, fragt er die Teilnehmer, nachdem er den letzten Stein in das Gefäß gelegt hat. Alle nicken. »Wirklich?«, fragt der Seminarleiter zurück. Nochmals einvernehmliches Nicken. Der Seminarleiter bückt sich, holt unter dem Tisch einen Eimer mit Kieselsteinen hervor, kippt einige davon ins Gefäß und schüttelt es so, dass die kleinen Steine die Lücken zwischen den großen Steinen ausfüllen. »Ist der Krug nun voll?«, fragt er wieder.

»Wenn Sie so fragen – wahrscheinlich nicht«, antwortet einer der Seminarteilnehmer.

Der Seminarleiter nickt, greift wieder unter den Tisch, holt einen Eimer mit Sand und schüttet auch diesen in den Krug. Der Sand setzt sich in die Lücken zwischen den kleinen und den großen Steinen. »Ist er jetzt voll?«

»Bestimmt noch nicht«, sagt eine Teilnehmerin.

»Genau.« Wieder bückt sich der Seminarleiter und befördert einen mit Wasser gefüllten Krug auf den Tisch. Er gießt das Wasser bis zum Rand in den Glaskrug mit den Steinen und dem Sand. »Und jetzt verraten Sie mir bitte, was ich Ihnen mit meiner Vorführung verdeutlichen wollte.«

»Dass voll immer voller werden kann«, antwortet eine Teilnehmerin.

Der Seminarleiter lacht. »Stimmt, das ist auch eine Sichtweise. Aber im Wesentlichen geht es mir um Folgendes: Wenn wir den Krug nicht zuerst mit den großen Steinen füllen, dann können wir sie später nicht mehr hineinkriegen. Was sind die großen Steine in Ihrem Leben? Die Menschen, die Sie lieben, Ihre Ziele, Wünsche, Ihre Gesundheit, die Zeit selbst? Was Ihnen wirklich wichtig ist, müssen Sie zuerst in Ihrem Leben unterbringen. Wenn Sie dies nicht tun und sich zuerst mit den vielen kleinen Dingen beschäftigen, die naturgemäß immer mehr werden, dann wird es im Laufe der Zeit immer schwieriger, vielleicht sogar unmöglich, die Zeit für die großen und wichtigen Themen zu finden. Also: Was sind die großen Steine in Ihrem Leben, die in Ihren Wasserkrug gehören?«

Der Schlüssel liegt nicht darin, Prioritäten
für das zu setzen, was auf Ihrem Terminplan
steht, sondern darin, Termine für Ihre
Prioritäten zu setzen.
Stephen Covey

Die Methode von General Eisenhower

Der amerikanische General und spätere Präsident Dwight D. Eisenhower hat nach einer einfachen, aber wirkungsvollen Methode seine vielen Aufgaben und Pflichten erledigt: Er teilte alles Anstehende in Kategorien ein, um das Wichtigste zuerst zu erledigen und alles Unwichtige auszusortieren. Dieses Vorgehen wird auch »Eisenhower-Prinzip« genannt: Bei allem, was anliegt, stellt man sich die Frage: »Ist es wichtig oder dringend?« Wichtige Dinge bringen uns unserem Ziel näher, müssen aber nicht zwangsläufig aktuell sein. Dringendes hingegen erfordert unsere unmittelbare Aufmerksamkeit. Wenn die Antworten gefunden sind, geht man folgendermaßen vor:

- Aufgaben, die sowohl wichtig als auch dringend sind, werden sofort erledigt.
- Wichtige Aufgaben, die nicht eilig sind, werden in die eigene Zeit- und Projektplanung übernommen und man sorgt dafür, dass sie auch zur richtigen Zeit angegangen werden.
- Sind Aufgaben unwichtig, aber dringend, werden sie an Mitarbeiter delegiert.
- Aufgaben, die sowohl unwichtig als auch nicht eilig sind, wandern in den Papierkorb.

*Wenn du immer rennst, wirst du niemandem
mehr begegnen, nicht einmal dir selber.
Wenn du das Tiefste in dir ergreifen willst,
musst du eine Pause machen können.*

Aus Frankreich

Impuls: Pausen gehören dazu

Die eigene Leistungsfähigkeit pro Tag schwankt – kein
Mensch ist in der Lage, ununterbrochen Höchstleistungen
zu vollbringen. Und wie der Wechsel von Ebbe und Flut, Tag
und Nacht und den Jahreszeiten die Natur bestimmt, so folgt
auch unser Leben einem biologischen Rhythmus von Anspannung und Entspannung. Regelmäßige Erholungspha-
sen haben für unsere Gesundheit und unser Wohlbefinden
eine große Bedeutung. Erfolgreiche Sportler und Vorgesetz-
te wissen: ohne Erholung keine Bestzeit, ohne Pausen keine
Leistung. Zwar ist Training die Voraussetzung dafür, besser
zu werden – die wirkliche Leistungssteigerung aber findet in
den Ruhephasen statt. Erst das Abschalten ermöglicht, Stress
abzubauen, aufzutanken und mit neu gewonnener Kraft
motiviert und leistungsfähig zu bleiben.

Das Wechselspiel aus An- und Entspannung erleben wir
täglich bewusst bei Hunger und Sättigung oder bei unserem Wach- und Schlafrhythmus. Unbewusst findet es bei der

Herztätigkeit, beim Freisetzen von Hormonen oder beim Ein- und Ausatmen statt. Auch unseren Tagesablauf bestimmt es, weil unser Körper einem Pausen-Biorhythmus folgt: Wir sind für eineinhalb bis zwei Stunden sehr leistungsfähig, dann jedoch benötigen wir eine Regenerationszeit von mindestens zwanzig Minuten.

Achten Sie einmal auf sich: Wann sagt Ihnen Ihr Körper, dass es Zeit für eine Pause ist? Wann werden Sie unkonzentriert, beginnen Fehler zu machen und wann können Sie – gerade bei geistig anstrengender Tätigkeit – kaum noch die Augen offen halten?

Hören Sie auf die Signale Ihres Körpers und gönnen Sie sich Zeiten der Regeneration. Auch kurze Ruhephasen, in denen Sie für ein paar Minuten die Augen schließen, aus dem Fenster schauen, sich recken und strecken, am geöffneten Fenster tief durchatmen oder einige Schritte gehen, sind schon effektiv. Wenn Sie einen längeren Abstand brauchen, dann bereiten Sie sich ein Getränk zu, machen Sie einen kurzen Spaziergang oder schöpfen Sie bei einem »Powernapping« – einem Mittagsschlaf von zehn bis zwanzig Minuten, dessen Ziel die Entspannung und nicht das Erreichen einer Tiefschlafphase ist – neue Kraft.

Ideal, wenn Sie Ihre Pausen nicht am Arbeitsplatz verbringen. Räumliche Trennung bewirkt auch im Kopf Abstand und sorgt dafür, dass Sie sich leichter regenerieren. Je besser Ihnen das Abschalten gelingt, umso konzentrierter können Sie in Ihrer nächsten aktiven Phase sein.

Was ohne Ruhepausen geschieht, ist nicht von Dauer.
Ovid

Warten

Ein Indianer fährt das erste Mal in seinem Leben in einem Auto mit.

Er scheint die Fahrt zu genießen und sieht sich alles, was am Fenster vorbeifliegt, mit großen Augen interessiert an. Nach ungefähr zwanzig Minuten sagt er: »Bitte halten Sie an, ich möchte aussteigen.«

Der Fahrer sieht ihn verwundert an. »Aber wir sind doch noch gar nicht am Ziel! Was wollen Sie hier? Hier ist doch nichts. Die nächste Stadt ist noch mindestens vierzig Kilometer entfernt.« Doch der Indianer lässt sich nicht von seiner Entscheidung abbringen. Der Fahrer hält also an und lässt ihn aussteigen. »Und was, um Himmels willen, wollen Sie jetzt hier machen?«, fragt er, während sich der Indianer an den Straßenrand setzt.

»Warten, bis meine Seele nachkommt.«

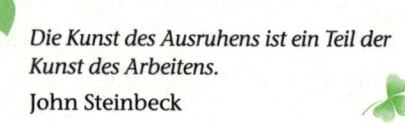

Die Kunst des Ausruhens ist ein Teil der Kunst des Arbeitens.
John Steinbeck

Den Augenblick erleben, das Heute wertschätzen

Das ist eben die Eigenschaft der wahren Aufmerksamkeit, dass sie im Augenblick das Nichts zu Allem macht.

Johann Wolfgang von Goethe

Achte gut auf diesen Tag
Achte gut auf diesen Tag.
Denn er ist das Leben.
Das Leben allen Lebens.
In seinem kurzen Ablauf liegt alle Wirklichkeit des Daseins.
Die Wonne des Wachsens,
die Größe der Tat
und die Herrlichkeit der Kraft.
Denn das Gestern ist nichts als ein Traum
und das Morgen nur eine Vision.
Das Heute aber – recht gelebt – macht
das Gestern zu einem Traum voller Glück und
das Morgen zu einer Vision voller Hoffnung.
Darum: Achte gut auf diesen Tag.
Spruch aus dem Sanskrit

Eine schwierige Aufgabe

Ein Schüler kommt zu seinem Meister und berichtet ihm, was er seit dem letzten Wiedersehen erlebt hat. »Denk nur«, sagt er mit leuchtenden Augen, »im Himalaja habe ich einen weisen, alten Mann kennengelernt, der in die Zukunft sehen kann. Und diese hohe Kunst lehrt er auch seine Schüler!«

»Das ist nun wirklich nichts Besonderes«, antwortet der Meister gelassen, »das kann jeder. Ich lehre etwas viel Schwierigeres.«

»Was denn?«, fragt der Schüler neugierig.

»Ich bringe den Menschen bei, die Gegenwart zu sehen.«

Die wirkliche Entdeckungsreise besteht nicht in der Suche nach neuen Landschaften, sondern in einer neuen Art zu sehen.

Marcel Proust

Impuls: Das Gedankenkarussell anhalten

Wir alle kennen das: bedrückende Gedanken, die sich unaufhörlich um Probleme, Ängste oder belastende Erinnerungen drehen. Sosehr wir uns auch bemühen – es will uns nicht gelingen, sie abzustellen. Abgesehen von dem inneren Stress, den die Grübelei verursacht, schränkt sie auch unsere geistigen Kapazitäten ein. Denn je mehr wir uns sorgen, umso weniger Energie steht uns für andere Denkprozesse zur Verfügung. Doch gibt es eine wirkungsvolle Methode, das Gedankenkarussell anzuhalten: alles aufschreiben, was sich in unserem Kopf hin und her wälzt. Auch nachts. Dabei geht es nicht um ausformulierte Sätze und leserliche Schrift – gerade noch entzifferbare Stichwörter sind völlig ausreichend. Am besten hat man immer ein kleines Notizbuch dabei und auch nachts liegen Papier und Stift neben dem Bett. So weisen wir unseren Gedanken einen festen Platz zu und können ihnen sagen: »Besten Dank für die Impulse. Morgen sehen wir weiter – aber jetzt wird erst einmal geschlafen.«

Haben wir uns das, was uns bedrückt, »aus dem Kopf geschrieben«, beruhigt sich unser Gehirn wieder, und wenn die Grübelei aufgehört hat, stehen uns unsere kognitiven Fähigkeiten auch wieder in vollem Umfang zur Verfügung.

Wenn der Mensch zur Ruhe gekommen ist,
dann wirkt er.
Francesco Petrarca

Wenn ich esse, esse ich

Einst kamen einige Schüler auf der Durchreise zu einem alten Zen-Meister. »Meister«, fragten sie, »du strahlst eine solche

Zufriedenheit aus. Das würden wir auch gern. Wie können wir dies erreichen?«

»Nun«, antwortete der Alte, »wenn ich liege, dann liege ich. Wenn ich aufstehe, dann stehe ich auf. Wenn ich gehe, gehe ich, und wenn ich esse, esse ich.«

Die Schüler sahen sich ratlos an. »Aber das machen wir ja auch«, sagte einer von ihnen. »Wir schlafen, wir essen und wir gehen. Aber glücklich und zufrieden sind wir deshalb nicht. Du musst doch ein Geheimnis haben. Bitte, verrate es uns.«

Wieder antwortete der Meister: »Wenn ich liege, dann liege ich. Wenn ich aufstehe, dann stehe ich auf. Wenn ich gehe, gehe ich, und wenn ich esse, esse ich.«

Nun waren die Schüler gänzlich verwirrt. Lächelnd ergänzte der Meister: »Natürlich liegt, geht und esst auch ihr. Aber während ihr liegt, denkt ihr schon wieder ans Aufstehen. Während ihr aufsteht, überlegt ihr, wohin ihr geht, und während ihr geht, fragt ihr euch, was ihr wann und wo essen werdet. Eure Gedanken sind nie da, wo ihr gerade seid. Doch genau an dem Punkt, wo sich Vergangenheit und Zukunft treffen, da findet das eigentliche Leben statt. Nur wenn ihr euch auf diesen kostbaren Augenblick vollkommen einlasst, habt ihr die Chance, wahre Zufriedenheit zu erleben.«

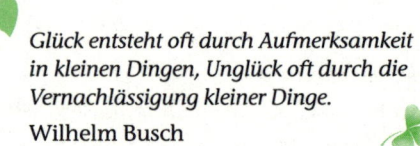

Glück entsteht oft durch Aufmerksamkeit in kleinen Dingen, Unglück oft durch die Vernachlässigung kleiner Dinge.
Wilhelm Busch

Achtsamkeit ist der Königsweg zur Entschleunigung. Achtsam sein bedeutet, mit nichts anderem beschäftigt zu sein als mit dem, was man gerade tut. Wenn wir einen Apfel schälen, schneiden und essen, können wir jeden einzelnen Handgriff unseres Tuns bewusst erleben. Dadurch nehmen wir das Tempo aus unserem oft hektischen Handeln – unsere Gedanken und Emotionen können sich beruhigen.

Es sind vor allem Tätigkeiten mit den Händen, die uns dabei helfen, unser Leben zu verlangsamen. Beim Zubereiten von Essen, wenn wir jede einzelne Zutat bewusst in die Hand nehmen, mit allen Sinnen erfassen und bearbeiten, können wir uns fragen: Wie riecht der Sellerie? Wie fühlt er sich an? Wie klingt das Schneiden auf dem Holzbrett?

Ob wir basteln, stricken oder ein Modellflugzeug bauen – jede bewusst ausgeführte Handbewegung, jede Berührung mit dem Material bietet uns die Chance, ganz in der Gegenwart anzukommen und Abstand von Hektik und Termindruck zu gewinnen. Ob beim Spaziergang, beim Zähneputzen, bei der morgendlichen Dusche oder beim Anziehen – für kleine Achtsamkeitsübungen bietet unser Alltag unzählige Gelegenheiten. Auch die Fahrt in öffentlichen Verkehrsmitteln ist ein Trainingsfeld. Wie bewegen sich die anderen Fahrgäste? Was machen sie? Wie riecht es? Welche Geräusche sind im Bus? Nehmen Sie einfach nur wahr und bewerten Sie nichts.

Die Kaffeepause am Schreibtisch kann für folgende

Übung genutzt werden: Setzen Sie sich bequem hin und achten Sie auf Ihre Atmung. Atmen Sie mehrmals ruhig ein und aus. Nehmen Sie nun Ihren Kaffee oder Tee zur Hand und sehen Sie sich ihn ganz genau an. Schließen Sie dann die Augen. Schenken Sie dem Gewicht der Tasse Aufmerksamkeit. Erspüren Sie mit Ihren Händen, wie sich ihre Oberfläche anfühlt. Atmen Sie den Duft des Kaffees ein. Spüren Sie, wo der Duft Sie in Ihrer Nase kitzelt und wie Ihr Körper auf ihn reagiert. Lassen Sie sich bei allem viel Zeit und atmen Sie beständig tief ein und aus. Nun trinken sie behutsam den ersten Schluck. Nehmen Sie den Geschmack in seiner ganzen Dimension wahr. Wenn Sie Ihren Kaffee oder Tee hinunterschlucken, achten Sie darauf, wie er die Speiseröhre hinab in Ihren Magen gleitet. Erleben Sie, dass der Geschmack noch ein wenig auf der Zunge bleibt? Wie verändert er sich? Spüren Sie ihm noch eine Weile nach … Dann atmen sie nochmals tief ein und langsam und behutsam aus. Bereiten Sie sich darauf vor, dass Sie gleich die Augen öffnen werden. Das tun Sie nun und kommen wieder in Ihre Umgebung zurück.

Mit dieser Übung trainieren Sie neben Achtsamkeit auch Ihre Genussfähigkeit – eine wichtige Entspannungsstrategie, die zur effektiven Erholung beiträgt.

*Unser wahres Zuhause ist der gegenwärtige
Augenblick. Wenn wir wirklich im gegenwärtigen Augenblick leben, verschwinden alle
unsere Sorgen und Nöte und wir entdecken
das Leben mit all seinen Wundern.*

Thich Nhat Hanh

Der Rosenstrauch

Die Schüler wollten von ihrem Meister wissen, welche Art
der Meditation er täglich morgens im Garten praktiziere. Der
Meister antwortete: »Wenn es mir gelingt, aufmerksam zu
schauen, dann sehe ich den Rosenstrauch in voller Blüte.«

»Aber warum muss man denn aufmerksam schauen?«,
fragte einer der Schüler. »Die Blüten kann man doch gar
nicht übersehen.«

Der Meister lächelte und sagte: »Damit man auch wirklich den Rosenstrauch sieht. Und nicht die eigene Vorstellung davon.«

*Ich könnte mir in allen großen Zeitungen
des Landes folgende Mitteilung vorstellen:
Wichtige Mitteilung an alle Bürgerinnen
und Bürger: Die Welt ist hier und jetzt!*

Jostein Gaarder

Tag für Tag

Einst lebte ein guter und gerechter König, dem viel an dem Wohlergehen seines Volkes lag. Oft ging er abends verkleidet durch seine Stadt, um zu sehen und zu hören, wie die Leute wirklich lebten. So machte er es auch an einem Abend, als er durch das Fenster eines ärmlichen Hauses einen Mann mit gefalteten Händen vor seiner Mahlzeit sitzen sah, der ein Dankgebet sprach. Nachdem der Mann mit dem Gebet fertig war, klopfte der König an die Tür. »Darf ich als Gast eintreten?«

»Aber gern«, sagte der Mann. »Mein Mahl wird für uns beide reichen.«

Während des Essens sprachen sie über viele Dinge und der König fragte schließlich: »Was ist deine Arbeit? Womit verdienst du dein Geld?«

»Ich bin Schuster«, antwortete der Mann. »Jeden Morgen gehe ich durch die Stadt und die Leute bringen mir ihre Schuhe zum Reparieren.«

»Und was passiert, wenn du zum Beispiel morgen keine Arbeit hast?«, fragte der König.

»Morgen?«, wiederholte der Schuster und lächelte. »Morgen? Gott sei gepriesen Tag für Tag.«

Am nächsten Morgen, als der Schuster sich an seine Arbeit machen wollte, sah er überall in der Stadt Zettel mit der Aufschrift: *Befehl des Königs! In dieser Woche ist auf den Straßen meiner Stadt das Reparieren von Schuhen verboten! Zuwiderhandlungen werden mit harten Strafen geahndet!* »Was der König wohl damit bezweckt?«, fragte sich der Schuster. »Na, macht nichts. Dann werde ich heute Wasser tragen und so mein Geld verdienen. Wasser brauchen die Menschen in der Stadt jeden Tag.«

Am Abend besuchte ihn der verkleidete König wieder. Der Schuster hatte so viel verdient, dass er dem Gast wieder ein ausreichendes Mahl anbieten konnte. »Ich hatte Sorge um dich, als ich heute den Aushang des Königs las«, sagte der König. »Wie hast du denn dein Geld verdient?«

Der Schuster berichtete, dass er angeboten hatte, Wasser zu holen, und dass es eine große Nachfrage nach seinen Diensten gab.

»Und was wird sein, wenn du morgen keine Arbeit hast?«, fragte ihn der König wieder.

»Morgen?«, wiederholte der Schuster. »Morgen? Ach, Gott sei gepriesen Tag für Tag.«

Als der Schuster am nächsten Tag in die Stadt ging, um wie am Tag zuvor Wasser zu tragen, kamen ihm Boten des Königs entgegen. »Befehl des Königs!« riefen sie, »Wassertragen ist heute nur mit ausdrücklicher Genehmigung des Königs erlaubt.«

Der Schuster schüttelte den Kopf. »Nun, dann werde ich eben Holz zerhacken und Brennholz verkaufen.« Die Nachfrage war auch hier groß und der Schuster verdiente so gut, dass er abends, als der König wieder sein Gast war, ein gutes Essen auftischen konnte.

»Und was wird sein, wenn du morgen keine Arbeit hast?«, fragte ihn der König zum dritten Mal.

»Morgen? Ach, das wird schon werden. Gott sei gepriesen Tag für Tag.«

Am anderen Morgen kamen dem Schuster auf dem Weg

in die Stadt Soldaten entgegen. »Du bist bewaffnet«, rief der Hauptmann, »also musst du heute im Palast des Königs Wache stehen. Lass aber deine Axt zu Hause – hier hast du ein Schwert!«

So kam es, dass der Schuster nun den ganzen Tag Wache stehen musste und nichts verdiente. »Heute habe ich nichts verdient«, sagte er, als er am Abend bei seinem Krämer die Zutaten für das Essen einkaufte. »Ich kann dich nicht bezahlen, aber ich habe heute Abend einen Gast. Kann ich dir dieses Schwert als Pfand geben?« Der Krämer war einverstanden, und als der Schuster zu Hause war, ging er sofort in seine Werkstatt und baute ein Holzschwert, das exakt in die leere Scheide passte.

Der König war höchst verwundert, dass er auch diesmal wieder ein schmackhaftes Mahl vorgesetzt bekam. Der Schuster erzählte ihm von seinem Tag und zeigte ihm stolz das Holzschwert. »Und was wird sein, wenn sich der Hauptmann morgen die Schwerter zeigen lässt?«, fragte der König.

»Morgen? Ach, Gott sei gepriesen Tag für Tag.«

Als der Schuster am anderen Morgen den Palasthof betrat, kam ihm der Hauptmann mit einem gefesselten Gefangenen entgegen: »Diesen Mörder hier wirst du hinrichten.«

»Nein! Das kann ich nicht!«, rief der Schuster entsetzt.

»Es ist der Befehl des Königs. Du musst es tun«, entgegnete der Hauptmann und führte den Gefangenen zum Hinrichtungsplatz.

Während sich im Palasthof schon die Schaulustigen versammelten, sah der Schuster dem Gefangenen lange und tief in die Augen. Dann warf er sich auf den Boden und rief mit lauter Stimme: »Gott, wenn dieser Mensch hier ein Mörder ist und ich ihn töten soll, dann sende einen Sonnenstrahl auf mein Schwert, so dass es dir entgegenglänzt. Wenn dieser Mann aber kein Mörder ist – dann mach, dass ich ein Holzschwert in der Scheide habe.«

Im Palasthof herrschte atemlose Stille, während der Schuster sein Schwert langsam aus der Scheide zog. Als alle begriffen, dass der Schuster tatsächlich ein Holzschwert in der Hand hielt, brach tosender Jubel los. Der König schritt die Freitreppe seines Palasts hinunter und gab sich dem Schuster zu erkennen.

»Weiser Schuster«, sagte er, »von heute an möchte ich, dass du mein Ratgeber bist!«

nach einem jüdischen Märchen aus Afghanistan

Wenn der Wind des Wandels weht, bauen die einen Schutzmauern, die anderen Windmühlen.

Chinesische Weisheit

Impuls: Schritt für Schritt

Eine ausgezeichnete Methode, das Tempo aus einem hektischen Tag zu nehmen und gelassener zu werden, ist achtsames Gehen. Wissenschaftliche Studien haben gezeigt, dass das Gefühl von Stress dadurch verringert wird.

Achtsames Gehen hat kein Ziel – Sie können in einem Raum auf und ab oder im Kreis gehen oder einen Spaziergang in der Natur machen. Der Sinn des Ganzen ist, dass Sie den Bewegungsablauf des Gehens verlangsamen und aufmerksam wahrnehmen.

Bevor Sie losgehen, stellen Sie sich einen Moment hin, atmen einige Male bewusst ein und aus und nehmen über Ihre Fußsohlen Kontakt mit dem Boden auf. Spüren Sie in Ihren Körper hinein. Wie ist sein Gewicht verteilt? Auf beiden Beinen in gleichem Maße? Oder mehr auf dem rechten? Oder auf dem linken? Liegt Ihr Gewicht auf dem Vorderfuß? Oder auf den Fersen? Stehen Sie gerade? Beugen Sie sich nach vorn? Wie fühlen sich Ihre Schultern an? Haben Sie sie hochgezogen oder hängen sie locker und entspannt herab? Was tun Sie, wenn Sie Ihren Körper so bewusst wahrnehmen? Verändern Sie Ihre Haltung, so dass Sie sich wohler fühlen?

Wenn Ihr Atem ruhig geworden ist und Sie einen Impuls zum Gehen verspüren, dann gehen Sie los. Spüren Sie bewusst, wie Sie Ihren Fuß anheben, das Gewicht verlagern, den Fuß in der Luft nach vorne schieben und wieder auf dem Boden aufsetzen. Spüren Sie die Qualität des Untergrunds unter Ihren Fußsohlen und nehmen Sie jeden Schritt ganz bewusst wahr. Sind Sie auf einen Ast, einen Stein oder eine Unebenheit getreten?

Während des achtsamen Gehens können Sie auch Ihre

Gedanken und Emotionen eigene Spaziergänge unternehmen lassen. Nehmen Sie alles, was Ihnen in den Sinn kommt, ohne Bewertung wahr. Betrachten Sie es, als würden Sie einen Zug mit Ihren Gedanken in einen Tunnel hineinfahren sehen, und wenn der letzte Waggon verschwunden ist, kehren Sie wieder zu Ihren Schritten zurück.

Sind Sie schon ein wenig geübter in der Gehmeditation, dann können Sie auch Ihren Atem, Ihre Bewegungen und den Rhythmus Ihres Gehens in Ihre Aufmerksamkeit einbeziehen. Und auch Ihre Umgebung: Während Sie achtsam gehen, trainieren Sie gleichzeitig Ihre Sinne. Sie riechen, hören und sehen, was um Sie herum geschieht, und bleiben doch im gegenwärtigen Augenblick.

Achtsames Gehen eignet sich auch für das Besinnen zwischendurch – z.B. vor einem wichtigen Termin oder wenn Sie sich gerade in Sorgen und Grübelei verlieren. Richten Sie Ihre Aufmerksamkeit einfach auf jeden einzelnen Schritt. Wenn Ihr Verstand abschweift, sagen Sie sich in Gedanken »rechts, links, rechts, links«, während Sie einen Fuß vor den anderen setzen. Das bringt Sie in die Gegenwart zurück.

Nehmen, was da ist, und es gebrauchen, ohne ewig vergebens auf die Zukunft zu warten, in das Jetzt mich tief hineingraben und dort etwas hervorholen – das ist zweifellos der rechte Weg zu leben.
Henry James

Lerne vor allem, dich zu freuen.

Seneca

Was wirklich wichtig ist

Wissen Sie, was Ihnen wirklich wichtig ist? Kennen Sie Ihre ideellen Werte? Um sie geht es immer dann, wenn wir etwas beurteilen oder Vorbildern folgen und wenn wir uns etwas wünschen. Werte sind wie ein Kompass, der zeigt, ob etwas für uns sinnvoll ist oder nicht. Und wir brauchen Sinn. Der Wiener Psychiater Viktor E. Frankl ging davon aus, dass der Mensch in erster Linie nicht nach Macht, Prestige oder Besitz und Geld strebt, sondern wesentlich »vor der Frage nach dem Sinn steht«. Mittlerweile ist wissenschaftlich nachgewiesen, dass Menschen, die überwiegend an das Gute im Leben und an dessen Sinnhaftigkeit glauben, gesünder sind und optimistischer in die Zukunft blicken als Menschen, die das nicht tun. Ein Sinndefizit wird häufig als große Belastung empfunden, die Krisen und Depressionen auslösen kann – der Sinnverlust in der eigenen Arbeit gilt als eine der wesentlichen Ursachen beim Burnout.

Erwiesen ist auch, dass soziale Kontakte und insbesondere Freundschaften unser Leben bereichern. Bindung und Berührung beruhigen uns im Leid, steigern die Lebenserwartung und schenken uns neue Energie für die Bewältigung unseres Alltags. Wir blühen regelrecht auf, wenn wir uns wertgeschätzt fühlen, wenn uns Gutes gesagt wird und wir das Gefühl haben, dazuzugehören und angenommen zu sein. Wohlfühlen und Freundschaft stehen in einem engen Zusammenhang, ja, sie bedingen einander: Strahlen wir Zufriedenheit aus, ziehen wir Freunde an, und je mehr Freunde und herzliche Beziehungen wir haben, desto wohler und glücklicher fühlen wir uns.

Aber es gibt natürlich auch Menschen, in deren Gesellschaft wir uns unwohl fühlen. Dann hilft es, an drei Dinge zu denken: 1) Niemand ist dazu verpflichtet, so zu sein, wie wir es gern hätten. 2) Zeit für Höflichkeit gibt es immer. Höflich zu sein bedeutet nichts anderes, als jeden so zu behandeln, wie wir selbst gern behandelt werden möchten. 3) Wir können durch den Umgang mit jemandem, der uns nicht liegt, lernen, auch in solchen Fällen angemessen zu reagieren.

Genauso, wie wir manche Menschen meiden, so möchten wir am liebsten auch negative Erlebnisse von uns fernhalten. Aber sie gehören zum Leben dazu, wir werden immer wieder mit unschönen Ereignissen, Frustration und Negativem konfrontiert. Oft meinen wir, dass wir etwas falsch gemacht haben, wenn es nicht rund läuft. Ein großer Irrtum. Denn das Leben kann nicht nur aus Wohlfühlen und Dauerglück bestehen, seine Natur ist der Wandel: Auf Lust folgt Unlust und wieder Lust, Freude wechselt mit Trauer, Glück mit Unglück ab. Das Leben balanciert sich ständig aus, und das Einzige, was wir tun können, ist, den Unwägbarkeiten des Daseins mit einer gewissen Gelassenheit zu begegnen.

Gelassenheit zu üben und zu lernen zahlt sich aus: Stress, Druck und Ängste reduzieren sich, wir werden in die Lage versetzt, mit Herausforderungen flexibel umzugehen und uns unsere positiven Emotionen zu bewahren. Ohne sie ist kein erfülltes und gutes Leben denkbar. Denn Liebe, Freude, Zufriedenheit, Sinnerfüllung und Heiterkeit machen uns offener, sie erst ermöglichen es uns, dass wir an Freundschaften Interesse haben, lernen wollen und kreativ sind.

Positive Gedanken und Gefühle haben auch einen kaum zu überschätzenden Wert für unsere körperliche und geistige Gesundheit. Unser Immun- und Hormonsystem reagiert auf unsere Psyche und unser Denken – auch die kleinste Zelle in uns wird durch unsere Gedanken und Empfindungen beeinflusst. Je nach Stimmungslage wird unser Körper also geschwächt oder gestärkt. Aus der Forschung wissen wir, dass Wunden unter Stress schlechter heilen, unsere Immunabwehr aber kraftvoll und aktiv ist, wenn wir uns wohlfühlen, innerlich entspannt sind und uns freuen.

Selbst wenn wir nur so tun, als freuten wir uns, können wir unser Immunsystem anregen: Schauspieler haben in einem medizinischen Versuch unterschiedliche Gefühlszustände wie Trauer und Freude nachgespielt. Bei traurigen Szenen nahm die Anzahl der Abwehrzellen ab. Verhielten die Schauspieler sich hingegen so, als würden sie sich freuen, wurden die Abwehrzellen aktiver. Unser Immunsystem ist allerdings auch so klug zu wissen, dass wir nicht immer nur guter und heiterer Stimmung sein können. Gelegentlich auftretende negative Stimmungen werfen es daher nicht aus der Bahn.

Keine schlechte Idee also, mehr Freude in sein Leben hineinzuholen. Und auch mehr zu lachen. »Lachen ist die beste Medizin«, weiß schon der Volksmund. Und warum nicht auch über sich selbst? Wer sich selbst nicht immer so ernst nimmt, gewinnt Abstand und einen neuen Blick auf die Dinge. Die vergnüglichste Art, heiter, gelassen und gesünder durchs Leben zu gehen.

Dem Leben Richtung geben

Frag nicht, was das Leben dir gibt.
Frag, was du gibst.
Alfred Adler

Das Echo

Ein Vater macht mit seinem Sohn eine Wanderung in den Bergen. Plötzlich fällt der Junge hin und schreit vor Schmerz auf. Sofort kommt aus den Bergen ein »Auahhh!« zurück.

Verblüfft ruft der Junge: »Wer ruft denn da?« Und wieder klingt es aus den Bergen: »Wer ruft denn da?«

»Du bist toll!«, ruft der Junge nun. »Du bist toll!«, hallt es zurück. »Du bist doof!«, ruft er in die Berge. »Du bist doof!«, tönt es zurück.

»Wer ist das?«, fragt der Junge schließlich seinen Vater.

»Das ist das Echo«, erklärt der Vater. »Ein Echo verhält sich genauso wie unser Sprechen und Handeln: Was wir sagen und tun und wie wir mit anderen Menschen umgehen, kommt auf uns zurück. Daher ist alles, was uns in unserem Leben passiert, nur das Spiegelbild dessen, wie wir uns uns selbst und anderen gegenüber verhalten.«

Die Seele nimmt die Farbe unserer Gedanken an.

Marc Aurel

Der Indianer in der Stadt

Ein Indianer, der in einem Reservat lebte, besuchte das erste Mal in seinem Leben seinen weißen Freund in New York. Der Lärm und Gestank, die Hektik und die Straßenschluchten verwirrten ihn. Als die beiden über die Fifth Avenue gingen, blieb der Indianer plötzlich stehen und horchte auf.

»Was hast du?«, fragte ihn sein Freund.

»Irgendwo hier ist eine Grille. Ich höre sie zirpen«, sagte der Indianer.

»Das kann nicht sein«, lachte der Weiße. »In der Stadt gibt es keine Grillen und in dem Lärm hier könntest du sie auch gar nicht hören.«

Der Indianer aber folgte dem Zirpen und sie kamen zu einem älteren Haus in einer Seitenstraße, dessen Mauer mit einer Kletterpflanze bewachsen war. Der Indianer bog vorsichtig die Blätter auseinander, und wirklich: Da saß eine große Grille.

»Alle Achtung«, staunte der Weiße. »Aber auch nicht verwunderlich: Ihr Indianer habt durch euer Leben in der Natur einfach ein viel besseres Gehör.«

»Völliger Unsinn«, erwiderte der Indianer, nahm ein Geldstück aus seiner Hosentasche und warf es auf die Straße. Einige Passanten, die mehr als fünfzehn Meter entfernt waren, drehten sich um und schauten in die Richtung, aus der sie das Geräusch der fallenden Münze gehört hatten. »Glaub mir«, sagte der Indianer, »es liegt nicht am Gehör. Was wir wahrnehmen oder nicht, liegt nur an der Richtung, in die wir unsere Aufmerksamkeit lenken. Was du hörst, sagt viel über das aus, was du denkst. Und was du bist.«

nach einer Erzählung der Hopi

Achte auf deine Gedanken

Achte auf deine Gedanken, denn sie werden deine Worte.

Achte auf deine Worte, denn sie werden deine Handlungen.

Achte auf deine Handlungen, denn sie werden deine Gewohnheiten.

Achte auf deine Gewohnheiten, denn sie werden dein Charakter.

Achte auf deinen Charakter, denn er wird dein Schicksal.

Chinesische Weisheit

Worte und Zauber waren ursprünglich ein und dasselbe. Auch heute besitzt das Wort eine starke magische Kraft.

Sigmund Freud

Unsere Gedanken besitzen Kraft. Wir erschaffen mit ihnen unsere Realität, denn sie wirken immer und überall auf uns ein. Hat jemand immer wieder die Erfahrung gemacht, abgelehnt zu werden, und befürchtet nun, dass dies auch am neuen Arbeitsplatz so sein wird, wird er sich den neuen Kollegen gegenüber wahrscheinlich reserviert, vielleicht sogar misstrauisch und abweisend verhalten. Die Kollegen nehmen die Signale aus Körpersprache und Worten auf und reagieren ihrerseits distanziert. Ihre Zurückhaltung wird als Ablehnung interpretiert und die Haltung »die mögen mich nicht« bestätigt. Was weiteres Misstrauen zur Folge hat, das sich auch auf das Privatleben auswirkt: Partner und Freunde, mit der Unzufriedenheit über den Arbeitsplatz und schlechter Laune konfrontiert, werden mürrisch, Kleinigkeiten führen zum Streit und das Zusammenleben wird immer schwieriger.

Leider laufen solche Prozesse zumeist unbewusst ab. Nur wenn wir uns unsere Gedanken, die uns durch unser tägliches Erleben begleiten, auch bewusst machen, haben wir die Chance, uns für oder gegen sie zu entscheiden. Nur dann können wir die Aufmerksamkeit auf das richten, was wir gerne an Gutem erleben möchten und was als Grundstimmung in unser Leben einziehen soll. »Ich fühle mich an meinem neuen Arbeitsplatz gut. Die neuen Kollegen sind nett und unterstützend. Sie mögen mich und ich mag sie« ist eine positive Erwartungshaltung, die die Grundlage für neue Erfahrungen schafft. Die Freude und Erleichterung darüber, diese dann auch zu erleben, wirkt sich ermutigend auf das weitere Verhalten in allen anderen Lebensbereichen aus, und eine Positiv-Spirale aus wohltuenden Erfahrungen wird in Gang gesetzt.

Beim Fokussieren der Aufmerksamkeit auf das Gute ist auch das Sammeln von »Goldblättchen« wirkungsvoll. Goldblättchen sind die kleinen Glücksmomente des Tages, die man so leicht übersieht und schnell wieder vergisst: das nette Gespräch mit der Kassiererin, der Autofahrer, der einen lächelnd vorließ, oder das wohlwollende »Ach, ist doch nichts passiert« des Fahrgastes, den man in der U-Bahn versehentlich angerempelt hat. Abends trägt man die Goldblättchen in ein »Goldblättchen-Buch« ein, das Tag für Tag voller wird und schon bald eine inspirierende Kraftquelle für gute Gedanken ist. Die als Worte und Taten wieder in das eigene Leben zurückfließen.

Ein Tipp, damit Ihnen kein Goldblättchen verloren geht: Füllen Sie eine Handvoll Erbsen in eine kleine Dose und nehmen Sie diese Dose überallhin mit. Für jeden besonderen Augenblick stecken Sie sich eine Erbse in Ihre Jacken- oder Hosentasche. Abends sehen Sie sich die Erbsen in Ihrer Tasche an und erinnern sich an jeden schönen Moment des Tages.

Die wahre Lebenskunst besteht darin, im Alltäglichen das Wunderbare zu sehen.
Pearl S. Buck

Die sieben Weltwunder

Studenten werden in einem Seminar gebeten, die sieben Weltwunder der Antike zu benennen. Nacheinander zählen sie die Hängenden Gärten der Semiramis zu Babylon, den Koloss von Rhodos, das Grab des Königs Mausolos II. zu Halikarnassos, den Leuchtturm auf der Insel Pharos vor Alexandria, die Pyramiden von Gizeh, den Tempel der Artemis in Ephesos und die Zeusstatue des Phidias von Olympia auf. Eine Studentin beteiligt sich nicht an der Beantwortung der Frage. »Sind Sie mit unserer Aufzählung einverstanden?«, fragt die Dozentin. »Nicht wirklich«, antwortet die junge Frau. »Für mich sind die sieben Weltwunder Sehen, Hören, sich Berühren, Riechen, Fühlen, Lachen und Lieben.«

Die fünf Sinne sind die Stiegen, auf denen die Seele hinausgeht in die Welt und auf denen die Welt zur Seele geht.

Meister Eckhart

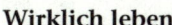

Wirklich leben

Der Dalai-Lama wurde einmal gefragt, worüber er sich am meisten wundert. »Über den Menschen«, antwortete er. »Denn der Mensch opfert seine Gesundheit, um Geld zu machen. Dann opfert er sein Geld, um seine Gesundheit wiederzuerlangen. Und dann ist er wegen seiner Zukunft so beängstigt, dass er die Gegenwart nicht genießt. Das Resultat ist, dass er weder in der Gegenwart noch in der Zukunft lebt. Er lebt, als würde er nie sterben. Und dann stirbt er und hat nie wirklich gelebt …«

In 20 Jahren wirst du dich mehr ärgern über die Dinge, die du nicht getan hast, als über die, die du getan hast. Also wirf die Leinen und segle fort aus deinem sicheren Hafen. Fange den Wind in deinen Segeln. Forsche. Träume. Entdecke.
Mark Twain

Impuls: Ihre Werteliste

Je bewusster uns ist, was uns in unserem Leben wirklich wichtig ist, umso mehr sind wir in der Lage, stimmige und sinnvolle Entscheidungen zu treffen.

Unser Leben nach unseren persönlichen Maximen auszurichten, zu versuchen, unsere Überzeugungen in Übereinstimmung mit dem täglichen Handeln zu bringen, kostet Mut und kann mühsam sein. Doch wenn wir die Anstrengung nicht scheuen, werden wir mit mehr Zufriedenheit und Wohlbefinden belohnt.

Wenn Sie eine ungestörte Stunde haben, dann suchen

Sie aus der folgenden Aufzählung die zehn Werte heraus, die Ihnen am wichtigsten sind. Falls Sie etwas vermissen, ergänzen Sie es bitte:

Abenteuer, alleine Arbeiten, anderen Menschen helfen, Anerkennung, Arbeit mit anderen, Arbeitsfrieden, Attraktivität, Aufregung, Aussehen, Autonomie, Begeisterung, berufliches Vorwärtskommen, der Beste sein, Dankbarkeit, Demokratie, Dinge bewegen, Effizienz, Ehrgeiz, Ehrlichkeit, Einfluss auf andere nehmen, Engagement, enge Beziehungen, Entschlusskraft, Erholung, ethisches Verhalten, Fairness, Familie, fester Standort, finanzieller Gewinn, freie Zeiteinteilung, Freiheit, Freude, Freundschaft, Führung, Fürsorge, geistige Bindung, Gemeinschaft, Genuss, Gerechtigkeit, der Gesellschaft helfen, innere Harmonie, Innovation, Integrität, Intelligenz, Karriere machen, Komfort, Kommunikation, Kompetenz, Konformität, Kontrolle über andere, Kreativität, Kunst, Lebendigkeit, Leidenschaft, Leistung, Lernen, Liebe, Loyalität, Macht und Autorität, Mut, Natur, Offenheit, Ordnung, Perfektion, persönliche Entwicklung, Planung, Prestige, Qualität, Qualitätsbeziehungen, Reichtum, Reinheit, Religion, Respekt, Ruf, Ruhm, Schönheit, Selbstachtung, Selbstverwirklichung, Sicherheit, Sinn, spannende Arbeit, Spaß, Spiritualität, Spitzenleistung, Stabilität, Stärke, Status, Treue, Umweltbewusstsein, Unabhängigkeit, Unterstützung, Verantwortung, Vertrauen, Vielfalt und Abwechslung, Wahrheit, Weisheit, Wettbewerb, Wissen, Würde

Bringen Sie Ihre zehn Werte in eine Rangliste und notieren Sie hinter jedem Wert, was er für Sie bedeutet. Wenn zum Beispiel »Familie« ein wichtiger Wert ist, dann könnte er »Ort der Kraft«, »gemeinsame Unternehmungen«, »Zusammenhalt« oder »bedingungslose Annahme« bedeuten. Oder alles zusammen. Wenn Sie die Bedeutungen eingetragen haben, blicken Sie mit Ihrer Werteliste auf Ihr Leben:

- Welchen Wert leben Sie? Welchen überhaupt nicht?
- Woran zeigt sich, dass Sie einen Wert leben?
- Woran merken Sie, dass Sie einen Wert nicht leben? Welchen Preis zahlen Sie dafür?
- Gab es Situationen, in denen Sie einen Wert schon einmal stärker leben konnten? Wenn ja, wann war das? Wie hat sich das angefühlt? Wie haben Sie es geschafft?
- Angenommen, Sie leben nun einen Wert, den Sie bisher nicht gut in Ihr Leben integrieren konnten, zu fast 100%. Woran würde Ihre Umgebung dies merken? Wie würde es Ihnen dabei gehen? Was für Konsequenzen hätte dies kurz- und langfristig für Sie?
- Was müsste passieren, dass Sie Ihre Werte leben könnten?
- Wie können Sie Ihren Werten gerecht(er) werden?

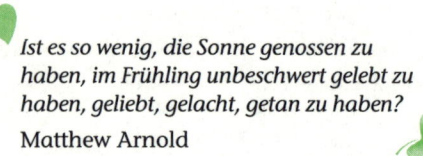

Ist es so wenig, die Sonne genossen zu haben, im Frühling unbeschwert gelebt zu haben, geliebt, gelacht, getan zu haben?
Matthew Arnold

Vom Umgang miteinander

Im Grunde sind es immer die Beziehungen zu Menschen, die dem Leben seinen Wert geben.

Friedrich Wilhelm Freiherr von Humboldt

Nägel im Zaun

Eine Mutter gab ihrem jähzornigen kleinen Sohn eines Tages einen Hammer und eine Schachtel mit Nägeln. Anstatt seine Wut an Menschen und Gegenständen auszulassen, sollte der Junge nun bei jedem Wutanfall einen Nagel in den Zaun hinter dem Haus schlagen. Am nächsten Tag waren 25 Nägel im Zaun. Am Tag darauf weitere 20. Je mehr Tage vergingen, umso weniger Nägel kamen hinzu. Dann kam der Tag, an dem der Junge keinen Nagel einschlug. Voller Freude teilte er dies seiner Mutter mit. Auch sie freute sich und machte ihm den Vorschlag, für jeden Tag, an dem er nicht wütend war, wieder einen Nagel aus dem Zaun zu ziehen. Es dauerte einige Wochen – da waren keine Nägel mehr im Zaun.

»Fabelhaft, wie es dir gelungen ist, erst die Nägel in den Zaun zu schlagen und nun alle wieder herauszuziehen«, sagte die Mutter. »Doch nun sind überall Löcher, der Zaun ist nicht mehr so unversehrt, wie er vorher einmal war.« Der Junge fuhr mit den Fingern über die Löcher und nickte.

»Wenn du das nächste Mal so ärgerlich wirst«, fuhr die Mutter fort, »dass du einem anderen etwas Böses sagen willst oder sogar etwas kaputtmachen möchtest, dann denke daran, dass du mit deinen Worten Verletzungen verursachst, die wehtun und Narben hinterlassen. So wie die Nägel im Zaun. Und auch, wenn du es hinterher wiedergutmachst – die Narben bleiben.«

Mit fremden Menschen nimmt man sich zusammen, da merkt man auf, da sucht man seinen Zweck in ihrer Gunst, damit sie nützen sollen. Allein bei Freunden lässt man sich frei gehen, man ruht in ihrer Liebe, man erlaubt sich eine Laune; ungezähmter wirkt die Leidenschaft, und so verletzen wir am ersten die, die wir am zartesten lieben.

Johann Wolfgang von Goethe

In den Stein geritzt

Frank und Christian, langjährige Freunde, machten eine Tageswanderung an einem breiten Nordseestrand. Sie waren müde und bis zum nächsten Ort war es noch ein weiter Weg. Da entwickelte sich aus einer kleinen Meinungsverschiedenheit plötzlich ein heftiger Streit. Im Affekt schlug Frank Christian ins Gesicht. Ohne ein Wort zu sagen oder zurückzuschlagen, kniete Christian nieder und schrieb mit dem Finger in den Sand: »Heute hat mich mein bester Freund ins Gesicht geschlagen.«

Sie gingen schweigend weiter, bis sie zu einem tiefen Priel kamen, den sie durchqueren mussten. Christian bekam plötzlich einen Krampf im Bein und wäre fast ertrunken, wenn Frank ihn nicht in letzter Minute aus dem Priel gezogen hätte. Als sich beide auf einem Wellenbrecher von dem Schreck erholt hatten, ritzte Christian mit seinem Messer »Mein bester Freund hat mir heute das Leben gerettet« in einen Stein des Wellenbrechers.

»Als ich dich geschlagen habe, hast du einen Satz in den Sand geschrieben. Aber jetzt ritzt du Worte in den Stein. Warum?«, fragte Frank.

»Nun«, antwortete Christian, »ich folge nur meiner Lebensphilosophie: Wenn wir gekränkt oder verletzt wurden, dann sollten wir es in den Sand schreiben, damit der Wind des Verzeihens es wieder verwehen kann. Wenn aber jemand etwas tut, was uns hilft und unterstützt, dann sollten wir es so aufschreiben, dass es niemals verweht werden kann.«

Von keinem Menschen können wir erwarten, dass er nie einen Fehler begeht, nie ein ungerechtes Urteil abgibt, nie kurzsichtig, einseitig, egoistisch handelt. Aber wenn wir wissen, dass

Verzeihen lernen

Im Unterricht wurde das Thema »Verzeihen« durchgenommen. Der Lehrer hatte Steine unterschiedlicher Größe und Schwere mitgebracht. »Für jeden Menschen«, sagte er zu seinen Schülern, »der euch etwas Unverzeihliches angetan hat, nehmt ihr einen möglichst großen Stein und schreibt seinen Namen drauf. Dann legt ihr den Stein in eine Tasche.«

Die Kinder waren begeistert, einige füllten ihre Taschen schnell mit dicken, schweren Steinen. Andere legten nur wenige hinein. Am Ende der Stunde sagte der Lehrer: »Die Tasche nehmt ihr mit nach Hause und tragt sie bis zur nächsten Stunde immer bei euch. Wirklich immer! Und wenn ihr jemandem verzeihen könnt, dürft ihr den Stein mit dessen Namen herausnehmen.«

In der nächsten Woche brachten die Schüler teilweise leere Taschen mit, in manchen Taschen waren nur noch wenige Steine. Und kein einziges der Kinder hatte eine Tasche, die noch genauso voll war wie bei der letzten Unterrichtsstunde.

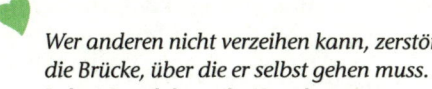

*Wer anderen nicht verzeihen kann, zerstört
die Brücke, über die er selbst gehen muss.
Jeder Mensch braucht Vergebung.*

Thomas Fuller

Impuls: Ein Scheibchen abschneiden

Stellen Sie sich sechs Menschen vor, mit denen Sie oft zu tun haben: drei, die Sie mögen, und drei, die Sie weniger mögen. Wenn Sie sich nun von jedem ein Scheibchen abschneiden dürften – auch von denen, die Ihnen nicht so sympathisch sind – was wäre das?

*Nehmen Sie die Menschen, wie sie sind.
Andere gibt's nicht.*

Konrad Adenauer

Die drei Siebe

Als Sokrates gerade auf dem Marktplatz von Athen eine seiner berühmten Reden beendet hatte, stürzte ein Mann auf ihn zu. »Ich muss dir unbedingt etwas erzählen, Sokrates«, rief er außer Atem.

»Warte!«, sagte Sokrates. »Hast du das, was du mir sagen willst, mit drei Sieben gesiebt?«

»Gesiebt?«, fragte der andere irritiert.

»Prüfen wir, ob das, was du mir mitteilen möchtest, durch alle drei Siebe hindurchgeht. Das erste Sieb ist die Wahrheit. Hast du geprüft, ob alles wahr ist?«

»Nein … nein«, stotterte der Mann, »ich hörte es und fand es so spannend, dass …«

»Dann hast du es aber sicherlich durch das zweite Sieb gegossen, durch das Sieb der Güte. Ist das, was du mir erzählen möchtest, gut?«

Der andere blickte verlegen auf den Boden. »Im Gegenteil, es ist …«

»So lass uns auch noch mit dem dritten Sieb prüfen«, unterbrach ihn Sokrates erneut. »Bist du von der Notwendigkeit überzeugt, es mir zu erzählen?«

»Ach, notwendig … was ist schon notwendig …«

»Wenn es weder wahr noch gut und auch nicht notwendig ist«, sagte Sokrates, »so vergiss es und belaste uns nicht weiter damit.«

Denken ist schwer.
Darum urteilen die meisten.
Carl Gustav Jung

Das Seil

Vor langer Zeit spannte ein König ein Seil und sprach zu seinen Beratern: »Verkürzt dieses Seil. Doch schneidet es nicht ab und verknotet es auch nicht. Findet einen anderen Weg, meinen Befehl auszuführen.«

Die Berater zogen sich zur Besprechung zurück. Doch sosehr sie auch überlegten – keinem fiel eine überzeugende Lösung ein. Bis schließlich doch einer aufstand, ein längeres Seil holte und neben das Seil des Königs knüpfte.

Zufrieden sagte der König: »Wahrlich, das nenne ich gut gelöst. Ihr habt das Seil weder verknotet noch abgeschnitten – und doch ist es nun kürzer geworden. So sollten wir auch mit den Meinungen anderer Menschen umgehen. Wir sollten sie weder beschneiden noch verbiegen, sondern nur unser eigenes Seil neben sie spannen. Dann kann jeder, der darüber urteilen möchte, selber entscheiden, was länger oder kürzer – was besser oder schlechter ist.«

Toleranz besteht nicht darin, dass man die Ansicht eines anderen teilt, sondern nur darin, dass man dem anderen das Recht einräumt, überhaupt anderer Ansicht zu sein.
Viktor E. Frankl

Die Stachelschweine

Ein Rudel von Stachelschweinen drängte sich an einem sehr kalten Wintertag so nah wie möglich zusammen, damit sie sich gegenseitig wärmen und so vor dem Erfrieren schützen konnten. Bald jedoch spürte jedes der Stachelschweine die Stacheln der anderen und so wichen sie wieder auseinander. Ihr Bedürfnis nach Wärme allerdings zwang sie wieder dazu zusammenzurücken. Wieder stachen sie sich gegenseitig an ihren Stacheln, wieder gingen sie auseinander. Zusammenrücken, sich entfernen, zusammenrücken – das wiederholte sich so oft, bis sie jenen Abstand gefunden hatten, der beides gleichermaßen gewährleistete: Distanz und Schutz. So hatten sie mit Höflichkeit und gutem Benehmen erreicht, was sie wollten.

nach Arthur Schopenhauer

Es ist nicht unsere Aufgabe, einander näher zu kommen, so wenig wie Sonne und Mond zueinanderkommen oder das Meer und das Land. Unser Ziel ist es, einander zu erkennen und einer im anderen das zu sehen und ehren zu lernen, was er ist: des anderen Gegenstück und Ergänzung.

Hermann Hesse

Wirklich zuhören

Was die kleine Momo konnte wie kein anderer, das war: zuhören. Das ist nichts Besonderes, wird nun vielleicht mancher Leser sagen, zuhören kann doch jeder. Aber das ist ein Irrtum. Wirklich zuhören können nur ganz wenige Menschen. Und so wie Momo sich aufs Zuhören verstand, war es ganz und gar einmalig. Momo konnte so zuhören, dass dummen Leuten plötzlich sehr gescheite Gedanken kamen. Nicht etwa, weil sie etwas sagte oder fragte, was den anderen auf solche Gedanken brachte, nein, sie saß nur da und hörte einfach zu, mit aller Aufmerksamkeit und Anteilnahme. Dabei schaute sie den anderen mit ihren großen, dunklen Augen an und der Betreffende fühlte, wie in ihm auf einmal Gedanken auftauchten, von denen er nie geahnt hatte, dass sie in ihm steckten. Sie konnte so zuhören, dass ratlose oder unentschlossene Leute auf einmal ganz genau wussten, was sie wollten. Oder dass Schüchterne sich plötzlich frei und mutig fühlten. Oder dass Unglückliche und Bedrückte zuversichtlich und froh wurden. Und wenn jemand meinte, sein Leben sei ganz verfehlt und bedeutungslos und er selbst nur irgendeiner unter Millionen, einer, auf den es überhaupt nicht ankommt und der ebenso schnell ersetzt werden kann wie ein kaputter Topf – und er ging hin und erzählte alles das der kleinen Momo, dann wurde ihm, noch während er redete, auf geheimnisvolle Weise klar, dass er sich gründlich irrte, dass es ihn, genau so wie er war, unter allen Menschen nur ein einziges Mal gab und dass er deshalb auf seine besondere Weise für die Welt wichtig war. So konnte Momo zuhören!
aus ›Momo‹ von Michael Ende

Menschen zu finden, die mit uns fühlen und empfinden, ist wohl das schönste Glück auf Erden.

Carl Spitteler

Impuls: Reden ist Silber, Zuhören ist Gold

Haben Sie manchmal den Eindruck, dass Ihnen Ihr Gegenüber gar nicht richtig zuhört? Und haben Sie auch schon einmal mitten im Gespräch gemerkt, dass Sie selbst gar nicht mitgekriegt haben, worum es eigentlich ging?

Zuhören können ist die Grundlage für gegenseitiges Verständnis, jemandem zuzuhören schafft Vertrauen. Doch wirkliches Zuhören ist alles andere als leicht, im Gegenteil: Es ist ein komplexes Geschehen, bei dem wir unsere eigenen Vorstellungen und Konzepte loslassen müssen und unsere gesamte Aufmerksamkeit gefordert ist. Denn damit die Botschaft unseres Gesprächspartners auch tatsächlich bei uns ankommt, müssen wir neben unseren Ohren auch unseren Geist »auf Empfang« stellen – was bedeutet, überhaupt etwas erfahren zu wollen. Wollen wir dies nicht, werden wir auch keine Konzentration für das Gesagte aufbringen. Umgekehrt gilt dies genauso: So verständlich wir einen Inhalt auch vermitteln – hat unser Gesprächspartner kein Interesse an dem, was wir sagen, wird er uns nicht zuhören.

Wirkliches Zuhören verlangt Konzentration und Aufmerksamkeit. Durch die Mimik und Gestik unseres Gegenübers, den Klang und den Tonfall seiner Stimme erfahren wir etwas über seine Gefühle, Befindlichkeiten und Einstellungen. Konzentration und Aufmerksamkeit sind auch Voraussetzungen dafür, tatsächlich zu verstehen, um was es dem anderen eigentlich geht. Doch häufig passiert es, dass wir noch während der andere spricht, mit der Formulierung unserer Antwort beschäftigt sind. Und statt mit der Aufmerksamkeit bei unserem Gesprächspartner zu sein, sind wir bei uns.

Um wirklich zuzuhören, benötigen wir also folgende Einstellung:

– Wir möchten unseren Gesprächspartner verstehen.
– Wir sind an seinen Gedanken und Gefühlen interessiert.
– Wir bewerten und verurteilen nicht, was er uns erzählt.
– Wir geben ihm eine Rückmeldung über unsere eigene Reaktion auf das Gehörte.

Mit der folgenden Übung können Sie ausprobieren, wie leicht oder schwer es Ihnen fällt, in einem Gespräch zuzuhören. Alles, was Sie dafür brauchen, sind ein Gesprächspartner und die Offenheit, sich selbst zu beobachten.

Übung

Setzen Sie sich Ihrem Gesprächspartner gegenüber, so dass Sie miteinander Blickkontakt haben. Nun fängt einer von Ihnen an, etwas zu erzählen. Der Inhalt ist nicht wichtig, allerdings sollten Sie für den Anfang keine problematischen

Themen wählen und auch Vorwürfe, Angriffe oder Kritik vermeiden. Gute Themen sind die Freizeit, die Wohnung, der Arbeitsweg, Haustiere oder das Wetter. Fassen Sie sich kurz – ein längerer und ein oder zwei kürzere Sätze reichen schon aus.

Die Aufgabe des anderen ist, mit eigenen Worten genau das wiederzugeben, was Sie zuvor gesagt haben. Ideale Einstiege sind: »Du sagst, dass …« oder »Du meinst also, dass …«, »Ich habe verstanden, dass …«.

Nach ca. 10 Minuten wechseln Sie die Rollen. Wenn Sie sich beide jeweils einmal zugehört haben, tauschen Sie sich darüber aus, wie es Ihnen ergangen ist.

Ich glaube daran, dass das größte Geschenk, das ich von jemandem empfangen kann, ist, gesehen, gehört, verstanden und berührt zu werden. Das größte Geschenk, das ich geben kann, ist, den anderen zu sehen, zu hören, zu verstehen und zu berühren. Wenn dies geschieht, entsteht Beziehung.

Virginia Satir

Von Herausforderungen und der Kraft der Heiterkeit

Ever tried. Ever failed. No matter.
Try again. Fail again. Fail better.
Samuel Beckett

Ich gehe eine Straße

Ich gehe eine Straße entlang. Da ist ein tiefes Loch im Bürgersteig. Ich übersehe es und falle hinein. Ich habe keine Ahnung, wo ich bin und wie ich da hineingekommen bin. Meine Augen sind fest geschlossen und es dauert eine Ewigkeit, bis ich mich daraus befreit habe.

Ich gehe wieder die gleiche Straße entlang. Das tiefe Loch im Bürgersteig ist immer noch da. Obwohl ich es sehe, falle ich trotzdem hinein. Doch meine Augen sind offen und ich weiß, wo ich bin. Dennoch dauert es lange, bis ich mich aus dem Loch befreit habe.

Ich gehe erneut die gleiche Straße entlang. Das Loch ist immer noch da. Wieder sehe ich es, wieder falle ich hinein. Es kommt mir wie eine Gewohnheit vor. Ich sehe aber zu, dass ich so schnell wie möglich wieder herauskomme.

Und wieder gehe ich die gleiche Straße entlang. Immer noch ist das Loch da. Ich weiß es jetzt schon vorher, achte darauf und gehe um das Loch herum.
Ich gehe eine andere Straße.
Quelle: unbekannt; einige nennen Sogyal Rinpoche als Autor

Unser größter Ruhm liegt nicht darin, niemals zu fallen, sondern immer wieder aufzustehen, wenn wir gescheitert sind.
Konfuzius

Dornröschens Entschluss

Nach einhundert Jahren Schlaf wacht Dornröschen auf. Sie räkelt sich und blickt sich um – doch weder ein Prinz noch eine Fee sind da, um sie zu begrüßen und aus dem Turm zu befreien. So beschließt sie, noch einige Jahre weiterzuschlafen.

Nach zehn Jahren wacht Dornröschen erneut auf. Wieder schaut sie sich um – aber immer noch ist kein Prinz oder eine Fee da, die sie erlösen könnten. Sie seufzt, gähnt und schläft wieder ein.

Nach weiteren zehn Jahren wacht sie zum dritten Mal auf,

setzt sich im Bett auf und lässt ihren Blick durch das Zimmer wandern. Sie ist allein. »Jetzt reicht's!«, sagt Dornröschen, steht auf und ist erlöst.

Nur wer den Mut hat, sein Leben selbst in die Hand zu nehmen und seine Prioritäten nach eigener Überzeugung zu setzen, kann uneingeschränkt über seine Ressourcen verfügen.

Unbekannt

Die Mönche und die Frau

Zwei Zen-Mönche kommen während ihrer Pilgerreise an einen Fluss. Am Ufer blickt eine schöne junge Frau nervös auf das Wasser. Sie weiß nicht, wie sie den Fluss überqueren soll, denn sie kann nicht schwimmen. Kurzentschlossen hebt der jüngere Mönch die Frau auf seine Schultern und trägt sie zum anderen Ufer. Dort setzt er sie ab und die Mönche und die Frau gehen ihrer Wege.

Der ältere Mönch aber ist innerlich zutiefst aufgebracht. Buddhistischen Mönchen ist es strengstens verboten, eine Frau zu berühren – und sein Mitbruder bricht einfach eine der heiligsten Regeln! Zwar sagt der Mönch kein Wort, aber je näher sie ihrem Kloster kommen, desto wütender wird er. Als sie das Klostertor erreichen, hält der Mönch seinen Bruder am Arm fest. »Ich muss dem Meister melden, was du heute getan hast«, spricht er mit hochrotem Kopf. »Dafür wirst du bestraft werden.«

»Wovon redest du?«, fragt der jüngere Mönch überrascht.

»Nun tu doch nicht so«, fährt ihn der ältere Bruder an. »Hast du etwa schon vergessen, dass du die schöne Frau über den Fluss getragen hast?«

Der andere Mönch antwortet ruhig: »Ja, stimmt. Das habe ich getan. Aber während ich sie schon vor vielen Stunden am Flussufer abgesetzt habe, trägst du sie immer noch.«

Sobald du dir selbst vertraust, sobald weißt du zu leben.
Johann Wolfgang von Goethe

Der gelassene Bauer

Ein alter Mann und sein Sohn lebten auf einem kleinen Hof. Sie besaßen kaum mehr als ein Pferd, das ihren Pflug zog. Eines Tages lief das Pferd fort.

»Ach, wie furchtbar!«, riefen die Nachbarn, »was für ein Unglück.«

»Nun, wer weiß schon, ob es ein Glück oder ein Unglück ist«, sagte der alte Bauer nur.

Einige Tage später kam das Pferd aus den Bergen zurück und brachte fünf Wildpferde mit. Ein reiches Haus hat viele

Pferde – der Bauer war nun der wohlhabendste Mann im Dorf.

»Wie wunderbar!«, riefen die Nachbarn, »was du für ein Glück hast.«

»Wer weiß schon, ob es ein Glück oder ein Unglück ist«, antwortete der alte Bauer nur.

Als der Sohn des Bauern am nächsten Tag eines der Wildpferde zureiten wollte, stürzte er und brach sich ein Bein.

»Ach, wie schrecklich!«, riefen die Nachbarn, »und was für ein Unglück das wieder ist! Nun musst du die ganze Arbeit alleine machen!«

»Wer weiß schon, ob es ein Glück oder ein Unglück ist«, erwiderte der Bauer.

Eine Woche später brach Krieg im Land aus. Die Soldaten kamen ins Dorf und holten alle jungen Männer. Nur den Sohn des Bauern ließen sie zurück, weil es für einen Versehrten keine Verwendung gab. Im Krieg starben neun von zehn Männern. Der alte Bauer und sein Sohn aber überlebten. Daher: Glück und Unglück erzeugen sich gegenseitig und niemand kann ihren Wechsel voraussehen.

aus China

*Alles, was ich über das Leben gelernt
habe, kann ich in drei Worte fassen:
Es geht weiter.*
Robert Frost

Gelassenheit hat mit »lassen« zu tun – es zu lassen, seine Zeit und Energie auf Dinge zu verwenden, die man sowieso nicht ändern kann. Gelassenheit ist eine innere Einstellung, die uns vor allem in schwierigen Situationen dabei hilft, die Fassung zu bewahren. Daher ist Gelassenheit auch eine der wichtigsten Strategien im Umgang mit Stress.

Die folgenden Fragen helfen Ihnen, stressige Situationen entspannter zu meistern. Am besten bewahren Sie sie dort auf, wo Sie sie schnell finden und sich vor Augen führen können. Vielleicht im Portemonnaie?

– Was genau ist an dieser Situation so stressig, so ärgerlich oder bedrohlich?
– Was hat die Angelegenheit mit mir zu tun?
– Wie würde ein Außenstehender (z. B. mein bester Freund) die Situation beurteilen?
– Welchen Einfluss habe ich auf die Situation? Kann ich sie ändern?
– Wie wichtig ist die Angelegenheit wirklich?
– Wie werde ich in einer Woche, in einem Monat oder in einem Jahr über diesen Vorfall denken? Wie in zehn Jahren?
– Was ist das Schlimmste, das passieren könnte? Wie wahrscheinlich ist das?
– Welche positiven Seiten könnte diese Situation im Nachhinein haben?

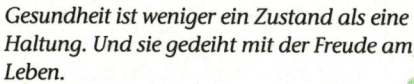

Gesundheit ist weniger ein Zustand als eine Haltung. Und sie gedeiht mit der Freude am Leben.

Thomas von Aquin

Ein nicht erfüllbarer Wunsch

Der Persönlichkeitsanteil Pessimist wendet sich an das Immunsystem seines Körpers. »Kannst du bitte dafür sorgen, dass wir mal wieder so richtig krank werden? Ich hab große Sehnsucht danach.«

»Tut mir leid«, sagt das Immunsystem. »Die Persönlichkeitsanteile Realist und Optimist sind einfach zu gut drauf. Sie freuen sich die ganze Zeit, lachen viel und selbst wenn es nichts zu lachen gibt, finden sie noch einen Sinn. Ich bin nur noch damit beschäftigt, Abwehrkräfte zu produzieren.«

»Das ist ja furchtbar«, sagt der Persönlichkeitsanteil Pessimist und wird blass. Er will schon aufgeben, als ihm einfällt, dass er auch noch das Hormonsystem fragen könnte. »Kannst du bitte so viele Stresshormone ausschütten, dass wir endlich mal wieder richtig krank werden?«, wendet er sich an die Zentrale der Hormonproduktion.

»Keine Chance«, antwortet das Hormonsystem. »Hier kommen ununterbrochen gute Gedanken an, die Stimmung ist entspannt und heiter. Unmöglich, unter diesen Voraussetzungen die Stresshormonproduktion so hochzufahren, dass wir krank werden.«

Es gibt kaum etwas im menschlichen Dasein, das dem Menschen so sehr und in einem solchen Ausmaß ermöglicht, Distanz zu gewinnen, wie der Humor.

Viktor E. Frankl

Impuls: Lächeln und lachen Sie!

Worüber haben Sie sich heute schon gefreut? Was hat Ihnen ein Lächeln auf das Gesicht gezaubert? Noch nichts? Weil Sie vielleicht schlechte Laune haben?

Wenn Sie dies ändern möchten, dann lächeln Sie – auch wenn Ihnen gerade gar nicht danach ist. Wissenschaftlich nachgewiesen ist, dass das Gehirn nicht zwischen echtem und unechtem Lächeln unterscheidet. Allein das Hochziehen der Mundwinkel sorgt dafür, dass bestimmte Glückshormone ausgeschüttet werden und wir uns umgehend besser fühlen. Falls Ihnen das Lächeln aber partout nicht gelingen will, legen Sie eine Zahnbürste oder einen Stift quer zwischen die Zähne, was die Mundwinkel automatisch nach oben zieht. Bei diesem »Tun als ob« geht es nicht darum, die Situation, deretwegen Sie in schlechter Stimmung sind, »wegzulächeln«. Es geht vielmehr darum, wieder in eine entspanntere Grundeinstellung zu kommen, mit der Sie der Situation dann viel besser begegnen können.

Schenken Sie sich Ihr Lächeln

Mit dieser Übung können Sie die wohltuende Wirkung Ihres Lächelns ausprobieren. Sie brauchen dafür nicht mehr als fünf Minuten und die Bereitschaft, sich selbst ein Lächeln zu schenken.

- Setzen Sie sich aufrecht und in bequemer Haltung auf einen Stuhl.
- Stellen Sie sich nun vor, sie würden einem Menschen, den Sie sehr mögen oder lieben, zulächeln. Dabei bewegen sich Ihre Mundwinkel ganz leicht nach oben, das Lächeln entsteht wie von selbst.
- Spüren Sie, welch wohltuende Energie von der freundlichen Heiterkeit ausgeht. Spüren Sie dieser Energie in Ihrem gesamten Körper nach.
- Falls Sie körperliche Schmerzen haben, leiten Sie Ihr Lächeln zu dieser Stelle. Sie können sich auch vorstellen, dass dieser Bereich oder dieses Organ selbst lächelt und sich – genauso wie Sie gerade – entspannt.

Lachen für die Gesundheit

Lachen ist wie eine Kur für den Körper: Es lockert die Muskeln, befreit angestaute Emotionen, aktiviert die Selbstheilungskräfte, setzt Glückshormone frei und bewirkt, dass wir uns insgesamt wohler fühlen. Schon zwei Minuten Lachen sollen so gesund wie zwanzig Minuten Joggen sein, zehn Minuten den Effekt von dreißig Minuten Entspannungstraining haben, und neueste Forschungsergebnisse zeigen, dass Lachen die Bauch- und Rückenmuskulatur annähernd so stark aktiviert wie Krafttraining.

Wer Humor hat, bleibt zwar nicht von psychischen Herausforderungen und negativen Lebensereignissen verschont, doch hilft Heiterkeit dabei, diese besser zu bewältigen und körperlich wie seelisch gesund zu bleiben.

Halten Sie daher in Ihrem Alltag nach humorvollen Situationen Ausschau, nehmen Sie nicht alles ernst und wagen Sie, auch einmal spielerisch an Dinge heranzugehen. Und wenn Sie gerade keine Gelegenheit zum Lachen haben, schaffen Sie sich welche: Sehen Sie lustige Filme an, lesen Sie amüsante Bücher und hängen Sie witzige Cartoons über Ihren Schreibtisch. Ein tägliches Lachprogramm ist Balsam für Körper und Geist.

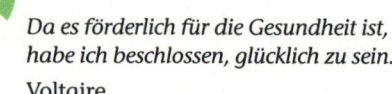

Da es förderlich für die Gesundheit ist,
habe ich beschlossen, glücklich zu sein.
Voltaire

In jeder Sekunde stehen wir vor dem Eingang ins Paradies.
Oder auch vor seinem Ausgang.

Christian Bobin

Wie schnell entsteht in uns das Gefühl unfähig zu sein, weil uns ein Fehler passiert ist. Oder versagt zu haben, wenn wir an etwas gescheitert sind. Dabei vergessen wir, dass der Erfolg genauso wie der Misserfolg zum Leben gehört. Alles darf sein, alles muss sogar sein, denn das Leben folgt einem ständigen Rhythmus aus Werden und Vergehen, das eine kann ohne das andere nicht entstehen. Schauen wir auf unser Leben zurück, zeigt sich oft, dass gerade die schwierigen Zeiten und Brüche die Voraussetzung dafür waren, dorthin zu gelangen, wo wir jetzt sind. Durch Unangenehmes hindurchgehen zu müssen gibt uns die Chance, Erfahrungen zu sammeln, an diesen zu wachsen, neue Entscheidungen zu treffen und zu einer gelassenen Lebenseinstellung zu finden. Die uns wiederum dabei unterstützt, auf die nächsten Herausforderungen nicht mit Angst und blindem Aktionismus zu reagieren, sondern mit Ruhe und Besonnenheit. Und vielleicht dem Gedanken: »Wer weiß, wozu das gut ist?«

Einstellungen, die ein Mensch hat, hielt man früher für genetisch bedingt und damit für unveränderbar. Heute weiß man: Haltungen entwickeln sich im Laufe des Lebens durch Erfahrungen. Daher lassen sie sich durch neue Erkenntnisse und Einsichten auch wieder verändern. Die Hirnforschung hat uns gezeigt, dass sich unser Gehirn zeit unseres Lebens an die Bedingungen unserer Umwelt anpasst. Bis ins hohe Alter verändert sich mit jedem Lernvorgang die organische Gehirnstruktur – wir sind in der Lage, immer wieder neue Erkenntnisse über Dinge, Situationen und Menschen zu gewinnen, indem wir unsere Sicht auf die Welt verändern. Eine andere Sichtweise verändert wiederum unsere Gefühle, unsere Gefühle wirken sich auf unser Befinden, unsere Gesundheit und unser Verhalten aus. Und alles zusammen auf das, was wir erleben. Kurz: Richten wir unseren Fokus auf Positives, werden wir auch mehr Positives erleben. Steht das Negative im Mittelpunkt unserer Aufmerksamkeit, stärken wir dies in unserem Leben. Je mehr wir unsere negativen Gehirnbahnen ausbauen, desto weniger Platz bleibt uns für positive Gedanken und desto anstrengender wird es auch, sie zu denken. Was uns noch mehr in den Kreislauf aus negativen Gedanken, Gefühlen und einer schlechten Gesundheit treibt. Glücklicherweise funktioniert es umgekehrt genauso: Gewöhnen wir uns daran, Gutes zu denken, bauen wir die Bahnen für positive Gedanken aus. Was zu einer insgesamt positiveren Wahrnehmung und besserer Befindlichkeit führt, uns anders handeln lässt und unserer Gesundheit zugutekommt.

Doch obwohl wir die Art und Weise, wie wir die Welt erleben, durch unsere Gedanken und Einstellungen steuern können, liegt es nicht in unserer Macht, sie zu kontrollieren. Denn die Welt und ihre Gesetze richten sich nicht nach uns. Wir können aber lernen, wirksam mit dem umzugehen, was wir beeinflussen können. Wollen wir Erfolg haben, so ist es unsere Aufgabe, mit allem, was uns zur Verfügung steht, die Voraussetzungen dafür zu schaffen. Ab einem bestimmten Zeitpunkt können wir dann nur noch geduldig abwarten. Es ist wie beim Kuchenbacken: Nachdem die Zutaten gekauft, der Teig gemischt, der Ofen vorgeheizt und der Kuchen hineingeschoben ist, bleibt uns nur noch, geduldig abzuwarten – das Warten ist die Voraussetzung dafür, das zu bekommen, was wir uns wünschen. Der Kuchen wird ohnehin nicht schneller fertig, wenn wir immer wieder den Ofen öffnen und prüfen, ob es nicht doch schon so weit ist. Im Gegenteil, die entweichende Hitze würde sogar das Backergebnis beeinträchtigen. Lassen wir dem Teig aber die Zeit, die er zum Backen braucht, werden wir – sofern der Herd nicht kaputtgeht, der Strom nicht ausfällt oder der Kuchen aus dem Ofen stibitzt wird – höchst zufrieden das Ergebnis unserer Mühe und Geduld genießen können.

Erfolgreich für etwas gearbeitet zu haben, macht zufrieden. Und innere Zufriedenheit trägt zum persönlichen Glückserleben bei – ebenso wie das Gefühl, gebraucht zu werden und Sinn in dem zu finden, was man tut. Auch Dankbarkeit ist ein entscheidender Glücksfaktor. Dankbare Menschen achten bewusst auf die schönen Augenblicke des Lebens. Das verstärkt ihre positiven Gefühle, sie fühlen sich besser, sind zufriedener, optimistischer, erfolgreicher und gesünder.

Natürlich bedeutet Glück für jeden etwas anderes. »Glück besteht aus einem schönen Bankkonto, einer guten Köchin und einer tadellosen Verdauung«, fand z. B. der französische Philosoph Jean-Jacques Rousseau. Was nun wirklich das eigene Lebensglück ist – das kann jeder nur für sich selbst herausfinden. Doch fest steht: Glück ist kein großes Gebäude, das erst noch errichtet werden muss – alles, was unser Leben schön macht, findet sich in den vielen kleinen Details und Momenten mitten in unserem Alltag. Und Glück hängt wohl auch mit der Erkenntnis zusammen, dass nicht wir es sind, die alle Fäden in der Hand halten. Sich nicht immer so wichtig zu nehmen, an etwas Größeres, Höheres, was auch immer dies sein mag, zu glauben, Vertrauen zu haben und die Vorstellung aufzugeben, immer glücklich sein zu müssen – darin liegt wohl das ganz große Geheimnis eines guten, zufriedenen und glücklichen Lebens.

Eine Sache der Einstellung

Die größte Entscheidung deines Lebens liegt darin, dass du dein Leben ändern kannst, indem du deine Geisteshaltung änderst.

Albert Schweitzer

Die abenteuerlustigen Frösche

Ein gelber und ein grüner Frosch machten sich eines Abends auf, die Welt außerhalb ihres Teiches zu erforschen. Aufgeregt und fröhlich hüpften sie einen schmalen Feldweg entlang, der unvermittelt vor einer Tür endete. Durch einen kleinen Spalt gelangten sie in einen dunklen Raum, auf dessen Boden große Krüge standen. Sogleich setzte der grüne Frosch voller Entdeckergeist zu einem kühnen Sprung auf einen der Krüge an, rutschte jedoch vom Rand ab und landete in einer weißen, dickflüssigen Masse. Um seinem Freund zu helfen, sprang der gelbe Frosch sofort hinterher. Aber auch er konnte sich nicht auf dem rutschigen Rand halten und plumpste ebenfalls in das Gefäß. Weil beide gut schwimmen konnten und ihnen die weiße Flüssigkeit zudem schmeckte, fanden sie es zunächst äußerst angenehm, in dem Krug zu plantschen. Doch nach einer Weile keuchte der gelbe Frosch: »Ich kann nicht mehr«, und blickte sorgenvoll nach oben. »Wie sollen wir hier jemals wieder rauskommen?«

»Lass uns jetzt nicht daran denken«, sagte der grüne Frosch. »Erinnere dich lieber daran, wie schön es in unserem Froschteich mit all den anderen ist.« Das Gesicht des gelben Frosches hellte sich auf. »Oh ja! Ich will unbedingt wieder nach Hause! Aber wie kommen wir hier bloß heraus? Mir fällt beim besten Willen nichts ein.«

»Mein Großvater hat immer gesagt«, erzählte der grüne Frosch, »dass es für jedes Problem eine Lösung gibt. Und wenn man geduldig ist und niemals aufgibt, wird sie sich zeigen.«

Aber nach einiger Zeit schwanden auch ihm die Kräfte. Da redete ihm der gelbe Frosch gut zu. »Wenn du jetzt aufgeben willst – wozu haben wir uns denn dann die ganze Zeit so abgemüht? Weißt du noch, wie wir den Storch immer wieder von unserer Familie ferngehalten haben?«

Obwohl sie beide müder und müder wurden, sprachen sie sich gegenseitig Mut zu, und die Erinnerung an Erlebnisse, in denen sie scheinbar ausweglose Situationen überlebt hatten, schenkte ihnen neue Kraft. Allmählich wurde es in dem Raum heller. Und als die ersten Sonnenstrahlen durch ein Fenster fielen, fühlten die beiden Frösche plötzlich etwas Hartes unter ihren Füßen. Sie saßen auf einem großen Klumpen Butter, den sie selbst, ohne es beabsichtigt zu haben, mit ihrem ununterbrochenen Strampeln zustande gebracht hatten! Mit letzter Kraft sprangen sie aus dem Krug, und überglücklich, am Leben zu sein, hüpften sie zu ihrem Froschteich.

Im Leben geht es nicht darum, gute Karten zu haben, sondern auch mit einem schlechten Blatt gut zu spielen.

Robert Louis Stevenson

Wer weiß, wofür es gut ist

Am Rande einer Oase wuchs eine kleine, aber kräftige Palme. Eines Tages kam ein Mann vorbei, der übermütig einen schweren Stein in die Krone der jungen Pflanze legte, um zu sehen, was passieren würde. Sosehr die kleine Palme auch versuchte, den Stein abzuschütteln – es gelang ihr nicht. Sie war verzweifelt. Aber da sie ihn nicht aus ihrer Krone entfernen konnte und auch niemand anderes es tat, weil kaum jemand je an der Oase vorbeikam, blieb ihr nichts anderes übrig, als ihre Wurzeln immer weiter in die Erde zu graben. So fand sie einen immer besseren Halt, der sie davor bewahrte, unter der Last des schweren Steines zusammenzubrechen. Schließlich erreichte sie mit ihren Wurzeln sogar das Grundwasser und entwickelte sich trotz ihrer Bürde zur größten und kräftigsten Palme weit und breit.

Nach vielen Jahren kam der Mann, der einst den Stein in die Krone der kleinen Palme gelegt hatte, wieder an der Oase vorbei und erwartete, eine kleine verkrüppelte Palme vorzufinden. Aber sosehr er auch suchte – er entdeckte keinen verwachsenen Baum. Da bog sich plötzlich eine große und kräftige Palme zu ihm herunter und sagte: »Ich danke dir zutiefst, dass du mir vor langer Zeit den Stein in die Krone gelegt hast. Nur durch diese Last bin ich so stark geworden und führe nun ein Dasein, das ich niemals für möglich gehalten hätte.«

Afrikanisches Märchen

Wer ja sagt zu seinem Schicksal, den führt es voran; den Widerstrebenden aber schleift es mit.

Lucius Annaeus Seneca

Die einzige Saite

Je länger ich lebe, desto mehr verstehe ich den Einfluss, den unsere persönliche Einstellung auf das Leben hat. Die Einstellung ist für mich wichtiger als Tatsachen. Sie ist bedeutender als die Vergangenheit, als die Erziehung, als Geld, als die Umstände, als Versagen, als Erfolge, als das, was andere Leute denken oder sagen. Sie ist wichtiger als Aussehen, Begabung oder Fähigkeiten. Sie kann ein Unternehmen schaffen oder zerstören – wie sie auch eine Kirche oder ein Zuhause schaffen oder zerstören kann. Bemerkenswert daran ist, dass wir täglich die Wahl haben, mit welcher Haltung wir dem Tag begegnen wollen. Wir können unsere Vergangenheit nicht ändern. Wir können es auch nicht ändern, dass Menschen sich auf eine bestimmte Weise verhalten. Wir können das Unvermeidliche nicht ändern. Was wir aber tun können, ist auf der einzigen Saite zu spielen, die wir haben – unserer Einstellung. Ich bin davon überzeugt, dass das Leben zu zehn Prozent aus dem besteht, was mir passiert. Und zu neunzig Prozent aus dem, wie ich darauf reagiere. Und genauso ist es bei dir. Wir haben die Verantwortung für unsere Einstellung.

Charles R. Swindoll

Um klar zu sehen, reicht oft ein Wechsel der Blickrichtung.
Antoine de Saint-Exupéry

Impuls: Die Perspektive erweitern

Stellen Sie sich vor einen Tisch, auf dem mehrere Dinge liegen, und lassen Sie Ihren Blick – ohne dass Sie Ihren Körper bewegen – über die Tischplatte schweifen. Achten Sie auf die Details und darauf, wie Sie die Details der jeweiligen Gegenstände wahrnehmen. Und nun gehen Sie auf die gegenüberliegende Seite des Tisches und sehen sich alles von dort aus an. Es ist immer noch derselbe Tisch, es sind immer noch dieselben Dinge, die darauf liegen – doch jetzt sehen Sie sie aus einer völlig anderen Perspektive.

Was für den Blick über den Tisch gilt, gilt auch für unser Leben. »Das schaffe ich nie«, »Das Leben ist eben ungerecht« oder »Das war schon immer so« – kommen Ihnen solche Sätze bekannt vor?

Wovon wir überzeugt sind und woran wir in unserem tiefsten Inneren glauben, nennt man Grundannahmen. Aus den Grundannahmen entwickeln sich unsere Glaubenssätze. Grundannahmen und Glaubenssätze prägen unser gesamtes Fühlen, unser Denken und Handeln. Denn alles, was in unserem Leben geschieht, interpretieren wir auf ihrer Basis. Entsprechend handeln wir.

Sind Sie beispielsweise davon überzeugt, dass das Leben »voller guter Möglichkeiten« steckt, dann werden Sie auch den Glaubenssatz »In jeder Herausforderung steckt für mich eine Chance, die ich nur ergreifen muss« haben und wahrscheinlich Ihren Alltag gelassener bewältigen. Denken Sie hingegen, dass das Leben »ein ständiger Kampf« ist und dass Ihr Brot grundsätzlich mit der Marmeladenseite auf den Boden fällt, werden Sie eher eine unsichere Haltung gegenüber Menschen, Dingen und Situationen entwickeln – weil Sie innerlich den Satz »Mir gelingt ja sowieso nichts« hören. Herausforderungen erleben Sie dann weniger als Chance als vielmehr als Bedrohung, und Sie befürchten, an ihnen zu scheitern. Was zu einem Leben in ständiger Anspannung führt.

Unsere Glaubenssätze sind das Produkt unserer Biografie mit all unseren persönlichen Erlebnissen und den Menschen, die uns geprägt haben. Glaubenssätze machen uns demnach das Leben leichter, indem sie dafür sorgen, dass wir Situationen einordnen können und klare Anweisungen erhalten, wie wir mit ihnen umgehen sollen. Aber sie können uns auch daran hindern, uns durch neue Erfahrungen weiterzuentwickeln, wenn sie uns suggerieren, es bestünde keine Notwendigkeit, an unserer zementierten Sicht etwas zu verändern. Doch Glaubenssätze sind immer nur eine Perspektive auf die Dinge – wir haben sie lediglich zu unserer Wahrheit gemacht und dabei ganz vergessen, dass es mindestens noch eine weitere Ansicht, z. B. die von der »gegenüberliegenden Seite des Tisches«, gibt. Ist uns aber klar geworden, dass unsere Einstellungen nicht die ganze Wahrheit sind und sie sich häufig auf überholte und zufällige Erfahrungen stützen, dann können wir sie auch modifizieren – und mit ihnen unser Denken, unsere Gefühle und unser Handeln.

Welche Denkmuster und Einstellungen gibt es, mit denen Sie sich selbst im Wege stehen? Beobachten Sie einen Tag lang Ihr Denken und schreiben Sie auf, wenn Sie eine Einstellung dahinter erkennen. Das kann im Büro beim Kopieren von Unterlagen sein (»typisch – immer geht bei mir der Toner aus«), bei der Verabredung zum Mittagessen (»mich fragt wieder keiner«) oder beim Einkaufen (»na klar – ich stehe mal wieder in der Schlange, wo es am längsten dauert«). Wenn Sie Ihre Glaubenssätze identifiziert haben, geht es darum, sie systematisch zu hinterfragen. Ein Beispiel:

A: »Ich glaube, dass mich andere total langweilig finden.«

B: »Wirklich? Wie kommst du darauf?«

A: »Wenn ich zum Beispiel in einer Gruppe bin oder bei Veranstaltungen mit Menschen reden soll, dann fällt mir nie etwas ein.«

B: »Wie ist denn der Gesprächspartner? Im Gespräch gibt es immer zwei Parteien, also liegt der eigene Anteil nur bei 50 Prozent. Und dann kommt es auch noch auf die Tagesform an. Vielleicht ist der andere ja heute auch nicht in Bestform? Dann fallen noch einmal 25 Prozent weg.«

A: »Stimmt, darüber habe ich noch nie nachgedacht ...«

B: »Gab es denn auch schon einmal Smalltalks, bei denen dir etwas eingefallen ist?«

A: »Na ja ... neulich habe ich mich mit jemandem bei einem Geburtstag ganz nett unterhalten.«

B: »Das heißt, dir fällt manchmal doch etwas ein und du bist gar nicht immer langweilig.«

A: »Anscheinend nicht. Nur manchmal.«

B: »Und woran liegt es, dass dir manchmal Smalltalk gelingt und manchmal nicht?«

A: »Wenn die anderen auch langweilig sind, dann fällt mir eben nichts ein.«

B: »Aha. Du bist nicht immer langweilig, sondern nur dann, wenn es auch die anderen sind. Das heißt umgekehrt: Wenn du einen interessanten Gesprächspartner hast, dann kannst du dich gut unterhalten.«

A: »Hm ... stimmt eigentlich ...«

Aktualisierte Varianten des alten Glaubenssatzes »Ich bin immer langweilig« wären dann:

– »Ich bin heute langweilig.«
– »Ich bin manchmal langweilig.«
– »Ich treffe manchmal langweilige Menschen.«

Positiv formuliert heißt dies: »Ich kann mich in Gesellschaft gut unterhalten, wenn ich einen interessanten Gesprächspartner habe.« Mit dieser Perspektive fällt es leichter, sich auf das nächste Gespräch einzulassen, weil der Druck nicht mehr vorhanden ist, hundertprozentig zu einer guten Unterhaltung beitragen zu müssen. Wo können Sie Ihre Einstellung ändern? Wo können Sie aus einem anderen Blickwinkel auf ein Thema sehen, das Sie an Ihrer Entfaltung hindert?

Jedes Ding hat drei Seiten. Eine, die du siehst. Eine, die ich sehe. Und eine, die wir beide nicht sehen.

Unbekannt

Die Blinden und der Elefant

Fünf blinde Gelehrte wollen herausfinden, wie ein Elefant aussieht. Der erste tastet den Rüssel des Elefanten ab. »Ein Elefant sieht aus wie ein langer Arm«, sagt er.

Der zweite Gelehrte tastet nachdenklich das Ohr des Elefanten ab. »Nein, das stimmt nicht. Ein Elefant ist eher wie ein großer Fächer.«

»Das finde ich nicht«, sagt der dritte Gelehrte, der seine Finger über die Beine des Tieres gleiten lässt. »Ein Elefant – das ist etwas wie die Säulen eines Palastes.«

»Völliger Unsinn«, sagt der vierte, der den Schwanz befühlt. »Ein Elefant sieht aus wie ein dickes Seil.«

»Nein, nein«, meldet sich da der fünfte Gelehrte zu Wort, »ein Elefant ist eine riesige runde Masse mit Borsten.« Er hatte gerade den Körper des Tieres abgetastet.

Wegen ihrer widersprüchlichen Aussagen wenden sich die Gelehrten an einen Schüler, der sehen kann, und schildern ihm, was jeder von ihnen herausgefunden hat. »Ja«, sagt er, »stimmt alles: Ein Elefant ist ein Tier mit einem armlangen Rüssel, mit Ohren, die wie Fächer und Beinen, die wie Säulen aussehen. Sein Schwanz ist wie ein dickes Seil und sein massiger Körper hat Borsten.«

Da erkennen die Gelehrten, dass jeder von ihnen nur einen Teil des Elefanten ertastet und also auch nur einen Teil der ganzen Wahrheit herausgefunden hatte.

nach Mowlana

Solange uns eine absolute Wahrheit nicht zugänglich ist, müssen wir uns damit begnügen, dass die relativen Wahrheiten einander korrigieren.

Viktor E. Frankl

Der Löwenzahn

Eine junge Frau legte einen Garten an. Sie bearbeitete den Boden und pflanzte die Samen der schönsten Blumen. Als im Frühjahr die Saat aufging, zeigte sich aber nicht nur eine herrliche Blütenpracht – es wuchs auch eine große Menge Löwenzahn. Die junge Frau recherchierte nach geeigneten Methoden, den Löwenzahn loszuwerden, und probierte die unterschiedlichsten Dinge aus. Doch was sie auch versuchte – nichts half. Schließlich ging sie zu der alten Gärtnerin des Dorfes, um sie um Rat zu fragen. Die Gärtnerin sagte ihr all das, was die junge Frau bereits wusste und auch angewandt hatte. »Wenn alles nichts nützt«, meinte schließlich die alte Gärtnerin, »dann schlage ich vor, du lernst den Löwenzahn lieben.«

Verlange nicht, dass das, was geschieht,
so geschieht, wie du es wünschst, sondern
wünsche, dass es so geschieht, wie es geschieht,
und dein Leben wird heiter dahinströmen.

Epiktet

Impuls: Akzeptieren, was nicht zu ändern ist

An welchem Thema arbeiten Sie sich in Ihrem Leben ab? Wo haben Sie schon alles versucht und trotz intensivster Bemühungen nichts erreicht? Wir haben immer drei Möglichkeiten, mit herausfordernden Situationen umzugehen: sie zu verlassen, sie zu verändern oder sie zu akzeptieren. Was immer auch bedeutet, die Verantwortung für die daraus entstehenden Konsequenzen zu übernehmen.

Wenn Sie sich nun für »akzeptieren« entscheiden würden – welche Unterstützung bräuchten Sie, um mit Ihrem Löwenzahn leben zu können? Wie würden Sie sich verhalten? Wie würden Sie sich fühlen? Welche Folgen hätte dies für Ihr Leben?

Gott, gib mir die Gelassenheit, Dinge hinzunehmen, die ich nicht ändern kann, den Mut, Dinge zu ändern, die ich ändern kann, und die Weisheit, das eine vom anderen zu unterscheiden.

Reinhold Niebuhr

Unser Anteil am Erfolg

Bete zu Gott und hör nicht auf, an Land zu rudern.
Russisches Sprichwort

Der Lottogewinn
Ein Schotte geht dreimal am Tag zur Kirche und betet über Wochen, Monate und Jahre jeden Tag: »Lieber Gott, Allmächtiger – bitte erbarme dich meiner und lass mich im Lotto gewinnen.« Dem Pfarrer tut der Mann, der täglich so innig betet, leid und auch er wendet sich an Gott. »Lieber Gott, kannst du nicht etwas für ihn tun?« Da erstrahlt plötzlich ein helles Licht in der Kirche und eine Stimme seufzt: »Ich würd's ja gern! Aber er soll sich endlich einen Lottoschein kaufen!«

Achte darauf, dass du die richtigen Mittel wählst. Dann wird sich das Ziel von selbst einstellen.
Mahatma Gandhi

Die angelnden Mönche

Drei Mönche sitzen den ganzen Tag über in einem Boot und angeln. Einem der Mönche gehen die Würmer aus. Er steht auf, sieht kurz in den Himmel, dann auf das Wasser. Dann zieht er seine Kutte hoch, steigt aus dem Boot, läuft über das Wasser zum Ufer und holt sich aus einer Vorratsdose neue Würmer. Er läuft über das Wasser zum Boot zurück und angelt weiter. Nach einer weiteren Stunde hat der zweite Mönch keine Würmer mehr. Auch er zieht die Kutte ein Stück hoch, blickt kurz in den Himmel und auf das Wasser, steigt aus dem Boot, läuft über das Wasser und versorgt sich am Ufer mit Würmern, bevor er über das Wasser zum Boot zurückkehrt.

Nach einer weiteren Stunde hat auch der dritte Mönch keinen Wurm mehr. Er steht auf, hebt die Kutte an, blickt zum Himmel und auf das Wasser. Dann steigt er aus dem Boot und platscht wie ein schwerer Stein ins Wasser. Die beiden anderen Mönche sehen sich an. »Gottvertrauen hat er ja«, sagt der eine. »Stimmt«, nickt der andere. »Aber er weiß nicht, wo die Pfähle stehen.«

Was ist der erste kleine Schritt, der zum Gelingen Ihres Projekts beiträgt? Was ist überhaupt alles zu tun?

Für die »Zeitachse«, eine sehr wirkungsvolle Methode, sich den eigenen Weg zum Ziel vor Augen zu führen, benötigen Sie einen freien Fußboden, eine lange Schnur, Karteikarten oder Zettel in der Größe DIN A5 und ein bis zwei Stunden Zeit.

Legen Sie eine Schnur von 2 bis 3 Metern Länge auf den Boden. Dies ist Ihre »Zeitachse«. Markieren Sie den aktuellen Status quo Ihres Projekts im ersten Drittel der Schnur mit einer »Gegenwart«-Karte. Am oberen Ende der Schnur liegt die »Zukunft«, gleichbedeutend mit Ziel. Hier legen Sie eine Karte hin, auf die Sie den Namen Ihres Projekts oder ein Symbol dafür und ein Datum geschrieben haben. Der Schnurteil unterhalb der Gegenwart ist die »Vergangenheit«, die Sie ebenfalls mit einer Karte benennen.

Gehen Sie nun von Ihrer »Gegenwart« langsam die Zeitlinie entlang und überlegen Sie, welche zwei realistischen Meilensteine, also klare Zwischenziele, auf dem Weg zu Ihrem Ziel liegen. Bezeichnen Sie diese, setzen Sie ein Datum und legen Sie die Karten auf die Zeitlinie.

Nun stellen Sie sich neben Ihren ersten Meilenstein. Was brauchen Sie, um diesen zu erreichen? Was muss auf dem Weg vom gegenwärtigen Standpunkt aus passieren, damit Sie bei ihm ankommen? Schreiben Sie alles auf, datieren Sie es und legen Sie die Karten neben den Meilenstein.

Dabei kann sich zeigen, dass Sie vielleicht noch einen weiteren Zwischenschritt benötigen, weil Ihnen eine Fähigkeit oder Voraussetzung zur Zielerreichung fehlt. Dann schreiben Sie dies ebenfalls auf, legen es an den entsprechenden Abschnitt und überlegen Sie, wie und wo Sie diese Fähigkeit erwerben können und bis wann.

Wenn Sie meinen, alle Voraussetzungen erkannt zu haben, gehen Sie die Zeitachse in diesem Abschnitt nochmals ab und überprüfen Sie, ob alles realistisch ist. Wenn nicht, verschieben Sie Ihre Meilensteine oder setzen Sie noch einen weiteren Zwischenschritt und stimmen die Daten erneut aufeinander ab. Dann gehen Sie vom ersten Meilenstein zum nächsten und verfahren genauso. Sollten Sie nicht weiterwissen, stellen Sie sich eineinhalb Meter neben Ihre Zeitachse. Der Abstand ermöglicht Ihnen einen neuen Blick auf Ihr Projekt und frische Impulse.

Durch den Prozess des Auf- und Abschreitens entlang Ihrer Zeitachse entsteht nach und nach ein realistisches Bild davon, wie Sie Ihr Vorhaben verwirklichen können und was Sie dazu benötigen. Wenn Sie das Gefühl haben, ein Gesamtbild von Ihrem Prozess erstellt zu haben, fotografieren Sie Ihre Arbeit und lassen Sie sich täglich von ihr inspirieren.

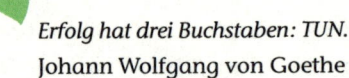

Erfolg hat drei Buchstaben: TUN.
Johann Wolfgang von Goethe

Der perfekte Judogriff

Ein Junge hatte bei einem Unfall seinen rechten Arm verloren. Fasziniert vom Kampfsport wollte er trotz seines Handicaps Judo lernen. Der Judo-Trainer hatte keine Bedenken und lehrte den Jungen gleich zu Beginn des Trainings einen bestimmten Griff. Nach drei Monaten führte der Junge diesen Griff perfekt aus, und so fragte er: »Trainer, kann ich nicht allmählich auch andere Techniken lernen?«

»Nein, nicht nötig«, antwortete der Trainer nur.

Der Junge trainierte also weiter und übte seinen Griff. Dann nahm er an seinem ersten Turnier teil. Von den anderen Judoka wurde er mitleidig belächelt, niemand gab ihm als Einarmigem eine Chance. Doch zur großen Überraschung aller gewann er Kampf für Kampf bis zum Finale. Dort stand er nun einem Gegner gegenüber, der viel größer und stärker war als er selbst. Zum ersten Mal zweifelte der Junge an seinen Fähigkeiten.

»Stell dich dem Gegner und vertraue deinem Griff!«, ermutigte ihn sein Trainer.

Und der Junge gewann auch diesen Kampf gegen den scheinbar so übermächtigen Gegner. Nach dem Turnier fragte er seinen Trainer ungläubig: »Wie kann es sein, dass ich sogar gegen ihn, der so viel stärker und geschickter ist als ich, gewonnen habe?«

»Dafür gibt es zwei Gründe«, antwortete der Trainer. »Zum einen habe ich dir einen der kompliziertesten und effektivsten Griffe beigebracht, den du perfekt beherrschst. Zum anderen besteht die einzige Verteidigung für diesen Griff darin, dass der Gegner deinen rechten Arm zu fassen bekommt.«

Tu, was du kannst, mit dem, was du hast und wo immer du auch bist.
Theodore Roosevelt

Impuls: Das Potential der Schwächen

Unsere Stärken kennen wir gut, wir wissen, was wir an ihnen haben, und schätzen sie. Bei unseren Schwächen und Defiziten kennen wir uns dagegen nicht immer so gut aus. Der Umgang mit ihnen kann zu einer großen Herausforderung werden, denn oft empfinden wir sie als Makel, unter dem wir leiden.

Haben Sie sich aber jemals gefragt, was Ihnen gerade deshalb gelingt, weil Sie etwas nicht perfekt beherrschen? Welche Stärke steckt in dem, was Sie nicht an sich mögen? Wozu dient Ihnen Ihre Schwäche?

Eine Schwäche ist genauso wenig eine absolute Wahrheit wie eine Stärke. Was wir als Stärken und Schwächen empfinden, ist immer unsere eigene Bewertung, die von unserer aktuellen körperlichen und seelischen Verfassung, von unseren Erfahrungen, der Situation und den Erwartungen abhängt. Eine »dünne Haut« zu haben und sensibel zu sein, mag man selbst zu bestimmten Zeiten als etwas Positives empfinden. Dann zum Beispiel, wenn man im Freundes- und Kollegenkreis als einfühlsam und verständnisvoll gilt. Zu anderen Zeiten kann diese Eigenschaft sehr unangenehm sein: wenn man Kritik nur schwer wegstecken kann oder lange an schlechten Nachrichten »nagt«.

Wenn Sie herausfinden möchten, welche Stärken in Ihren Schwächen liegen, dann schreiben Sie in einer ruhigen Stunde auf, was Sie zu Ihren Fehlern oder Schwächen zählen und wovon Sie sich am liebsten sofort trennen würden. Denken Sie auch an das, was Sie von anderen schon einmal als Kritik oder als Vorwurf gehört haben. Beginnen können Sie mit »Ich mag an mir nicht leiden, dass ich ...« oder »Ich wünschte, ich wäre nicht so ...« oder »Ich kann nicht ...«

Haben Sie Ihre Schwächen benannt, geht es darum, die darin verborgene Stärke zu finden. Ein Beispiel für eine Schwäche: »Ich mag an mir nicht leiden, dass ich so eine laute Stimme habe.« Die darin enthaltene Stärke könnte sein: »Dank meiner lauten Stimme ist es mir immer schon leichtgefallen, mich durchzusetzen.« Oder: »Ich kann einfach nicht frei vor Menschen sprechen.« Darin liegt vielleicht folgende Stärke: »Darum muss ich vorher immer alles genau überlegen und aufschreiben, was ich sage. Aber meine Reden haben dann auch Hand und Fuß – ich bringe alles an, was ich sagen möchte, weil ich nichts vergesse.«

Was wir als Schwäche und was als Stärke empfinden, spielt sich nur in unserem Denken ab. Wenn Sie mit Wohlwollen und Sorgfalt auf Ihre Schwächen blicken, werden Sie überraschende Neuigkeiten über sich erfahren. Und falls Sie in einer Schwäche so gar keine Stärke erkennen können – dann gilt es, diese zu akzeptieren und Frieden mit ihr zu schließen. Es ist auch dieser Teil von Ihnen, der zu Ihrer einmaligen Persönlichkeit beiträgt und Ihnen dabei hilft, die anderen Menschen mit all ihren Unvollkommenheiten annehmen zu können. Was wiederum eine große Stärke ist.

Ich glaube nicht, dass man sehr viel Zeit darin investieren sollte, seine Schwächen zu bekämpfen. Ich glaube hingegen, dass der größte Lebenserfolg und die tiefste emotionale Befriedigung darin besteht, seine Ressourcen zu nutzen.

Martin Seligman

Das Fundament bauen

Eines habe ich zumindest durch mein Experiment gelernt: Wer vertrauensvoll auf seinem Traumweg vorwärts schreitet und bestrebt ist, das Leben, das er sich vorgestellt hat, zu leben, wird von einem Erfolg begleitet sein, der gewöhnlich nicht zu erwarten ist. Er wird manche Dinge zurückstellen, wird eine unsichtbare Grenze überschreiten; neue, weltumfassende und freiere Gesetze werden sich in ihm und um ihn bilden; die alten Gesetze hingegen werden sich erweitern und in einem freieren, ihm gemäßeren Sinne deuten lassen, und er wird in der Ungebundenheit einer höheren Daseinsordnung leben. Im selben Verhältnis, in dem er sein Leben vereinfacht, werden ihm die Gesetze des Weltalls unkompliziert erscheinen. Einsamkeit wird nicht Einsamkeit, Armut nicht Armut und Schwäche nicht Schwäche sein. Hast du Schlösser in die Luft gebaut, muß deine Arbeit nicht unnütz gewesen sein; denn gerade dort sollten sie stehen. Jetzt gib ihnen das Fundament.

Henry David Thoreau

Unsere Wünsche sind Vorgefühle der Fähigkeiten, die in uns liegen, Vorboten desjenigen, was wir zu leisten imstande sein werden. Was wir können und möchten, stellt sich unserer Einbildungskraft außer uns und in der Zukunft dar; wir fühlen eine Sehnsucht nach dem, was wir schon im Stillen besitzen. So verwandelt ein leidenschaftliches Vorausgreifen das wahrhaft Mögliche in ein erträumtes Wirkliches.

Johann Wolfgang von Goethe

Gewusst wo

In einer Fabrik fiel eines Tages das Fließband aus. Sosehr sich die Techniker auch bemühten, die Ursache zu finden – sie fanden den Fehler nicht. Selbst die vom Hersteller eingeflogenen Experten konnten das Fließband nicht reparieren. Das Management war verzweifelt, da der Produktionsausfall enorm war. Da schlug jemand aus der Belegschaft vor, einen pensionierten Mechaniker in der Stadt zu fragen, der dafür bekannt war, alles wieder »zum Laufen« zu bringen. Der Geschäftsführer war einverstanden, der alte Mechaniker hatte Zeit und sah sich noch am selben Tag das Fließband an. Nach etwa zehn Minuten nahm er einen großen Hammer, schlug kräftig gegen die Maschine, der Motor sprang an und das Band lief wieder. In der Führungsetage war man überglücklich – endlich konnte die Produktion wiederaufgenommen werden.

Einige Tage später öffnete der Geschäftsführer die Rechnung des alten Mechanikers. »Was?«, rief er entsetzt, »10 000 Euro für einen einzigen Hammerschlag? Das ist ja Wucher!« Er rief den alten Mechaniker an und bat ihn, seine Rechnung noch einmal zu überprüfen.

»Sie haben recht«, sagte der alte Mechaniker, »das ist viel zu viel Geld für einen Schlag. Ich werde Ihnen eine neue Rechnung schicken.« Die schon am nächsten Tag eintraf:

– Ein Hammerschlag: 1,00 Euro
– Gewusst wo: 9999,00 Euro
– Total: 10 000,00 Euro

Erfolg besteht darin, dass man genau die Fähigkeiten hat, die im Moment gefragt sind.

Henry Ford

Geduld

Ein für seine Ungeduld bekannter junger Mann kam viel zu früh zum Treffen mit seiner Freundin. Mit jeder Minute, die er warten musste, verschlechterte sich seine Laune und er konnte weder das schöne Wetter noch die herrliche Natur um sich herum genießen. Vor Ungeduld stampfte er auf den Boden und ging rastlos auf und ab. Da stand plötzlich ein kleines Männchen vor ihm. »Ich weiß, was dich quält«, sagte es. »Nähe diesen Knopf an deine Jacke, und immer, wenn dir die Zeit zu langsam vergeht, drehst du daran. Und schon springt die Zeit nach vorn.«

Der junge Mann bedankte sich, nähte den Knopf an und versuchte es sofort. Augenblicklich war seine Freundin da. Er drehte weiter – und er stand mit ihr vor dem Traualtar. »Hoffentlich sind wir bald eine richtige Familie«, flüsterte er ihr zu, während er schon wieder drehte. Und im Nu hielt er ein Neugeborenes im Arm. Er drehte und drehte – und plötzlich hatte er so viel Zeit übersprungen, dass er im hohen Alter auf seinem Sterbebett lag. Da erkannte er plötzlich, dass sein Leben nur so an ihm vorbeigerauscht war, und dass auch das Warten eine unwiederbringliche, lebenswerte Zeit ist.

nach Heinrich Spoerl

Wenn der Baum geboren wird, ist er nicht sofort groß. Wenn er groß ist, blüht er nicht sofort. Wenn er blüht, bringt er nicht sofort Früchte hervor. Wenn er Früchte hervorbringt, sind sie nicht sofort reif. Wenn sie reif sind, werden sie nicht sofort gegessen.

Aegedius von Assisi

Wie Glück entsteht

Wenn ich mit intellektuellen Freunden spreche, festigt sich in mir die Überzeugung, vollkommenes Glück sei ein unerreichbarer Wunschtraum. Sprecke ich dagegen mit meinem Gärtner, bin ich vom Gegenteil überzeugt.

Bertrand Russell

Was man für ein zufriedenes Leben braucht

Für ein zufriedenes Leben braucht man neun Dinge:

Genügend Gesundheit, dass die Arbeit Freude macht;

Genügend Wohlstand, um seine Bedürfnisse zu befriedigen;

Genügend Kraft, um mit seinen Schwierigkeiten zu kämpfen und sie zu besiegen;

Genügend Gnade, um seine Sünden zu bekennen und zu überwinden;

Genügend Geduld, um sich zu bemühen, bis etwas Gutes zustande gekommen ist;

Genügend Nächstenliebe, um in seinen Nachbarn etwas Gutes zu entdecken;

Genügend Liebe, um sich zu entschließen, anderen zu helfen;

Genügend Glaube, um die wahren Werke Gottes zu tun;

Genügend Hoffnung, dass all die angstvollen Zukunftsgedanken schwinden.

Johann Wolfgang von Goethe

Die meisten Menschen sind so glücklich, wie sie es sein wollen.

Abraham Lincoln

Impuls: Leben wie ein Glückskind

Der britische Psychologe Richard Wiseman hat bei seinen Forschungen über das Glück herausgefunden, dass Menschen durch ihr Verhalten maßgeblich zu ihrem Glück oder Pech beitragen:

1. Glückskinder erwarten nur Positives

Menschen, die das Glück anziehen, vertrauen von vornherein darauf, dass sie Glück haben werden. Wenn ein positives Erlebnis eintritt, werden sie in ihrer Grundhaltung bestärkt und erwarten auch beim nächsten Mal wieder Gutes. Menschen, die eher Pech haben, verhalten sich genauso erwartungsvoll – allerdings in Bezug auf Ereignisse, die sie negativ interpretieren. Auch diese Erwartungshaltung bestätigt sich, was allmählich dazu führt, eine pessimistische Lebenshaltung zu entwickeln.

2. Glückskinder bewerten anders

Auch Glückskinder erleben Unglück, Leid und Misserfolg. Doch mit Einstellungen wie »es hätte schlimmer kommen können«, »es kann nur besser werden« oder »wer weiß, wofür es gut ist?« blicken sie mit einer ganz anderen Perspektive auf das, was ihnen passiert ist.

3. Glückskinder nutzen günstige Gelegenheiten oder schaffen sich welche

Wiseman lud ausgesprochene Pechvögel und Glückskinder zu einem Experiment ein. Bei beiden Gruppen legte er am Eingang einen Geldschein auf den Fußboden. Die Glückskinder kamen freudestrahlend mit dem Geldschein in der Hand in das Zimmer. Die Pechvögel kamen mit leeren Händen. Sie hatten das Geld gar nicht wahrgenommen, weil sie es an dieser Stelle nicht erwartet hatten.

4. Glückskinder sind entspannter

Im entspannten Zustand bringt man seiner Umwelt ein größeres Maß an Aufmerksamkeit entgegen und ist insgesamt aufnahmefähiger. Das sind ideale Voraussetzungen, um günstige Gelegenheiten besser zu entdecken. Ängstlichkeit und die Fokussierung auf Unangenehmes hingegen führen zu Anspannungen und Verspannungen. Die wiederum verhindern, die Umwelt in ihrer Komplexität und all ihren Chancen wahrzunehmen.

Richard Wiseman bat nun Menschen mit einer eher pessimistischen Lebenseinstellung, einen Monat lang nach den

Prinzipien der Glückskinder zu leben. 80 Prozent gaben danach an, glücklicher und zufriedener geworden zu sein. Fazit: Glück lässt sich lernen.

Wenn Sie sich noch nicht zu den Glückskindern zählen, dann probieren Sie die Glückskind-Grundsätze doch einmal für vier Wochen aus. Schreiben Sie Ihre Erfahrungen in ein eigens dafür angelegtes Notizbuch mit den Rubriken »Auf das Gute vertrauen«, »Neue Bewertungen und Perspektiven«, »Möglichkeiten und Gelegenheiten« und »Entspannungsmethoden«. Einen Versuch ist es wert.

Vergiss nicht, Glück hängt nicht davon ab,
wer du bist oder was du hast; es hängt nur
davon ab, was du denkst.
Dale Carnegie

Der richtige Wunsch

Ein Fischer fand in seinem Netz eine verschlossene Flasche. Er öffnete den Verschluss und ein grauer Nebel strömte aus dem Flaschenhals, der sich zu einem Geist formte. »Dafür, dass du mich befreit hast, hast du drei Wünsche frei«, sagte der Geist. »Nenne mir deinen ersten.«

Der Fischer, nachdem er sich von seinem Schock erholt hatte, dachte kurz nach und sagte: »Bitte schenke mir die

Weisheit, die ich brauche, um die richtige Wahl für die anderen beiden Wünsche zu treffen.«

»Schon erledigt«, sagte der Geist. »Was sind deine anderen Wünsche?« Der Fischer dachte wieder nach. »Ich danke dir«, sagte er dann. »Aber ich habe keine weiteren Wünsche.«

Wenn du einen Menschen glücklich machen willst, dann füge nichts seinem Reichtum hinzu, sondern nimm ihm einige von seinen Wünschen.

Epikur von Samos

Impuls: Das Glück der kleinen Dinge

Aus positiven Gefühlen wie Freude und Zufriedenheit schöpfen wir Kraft, sie sind die Quellen unseres Wohlbefindens und unserer Gesundheit. Und dabei sind es nicht immer die Highlights des Lebens, die uns Freude oder sogar Glücksgefühle erleben lassen. Manchmal reicht schon etwas Abwechslung, eine Begegnung mit einem Menschen, das Hören eines besonderen Musikstücks oder der Anblick einer schönen Blume.

Machen Sie sich eine Liste Ihrer ganz persönlichen Dinge, über die Sie sich freuen und auf die Sie in Zeiten der Glücksdürre zurückgreifen können.

Hier einige Ideen:

- Ein langer Spaziergang – egal bei welchem Wetter – ist Balsam für die Seele. Nichts ist so entspannend und heilend wie das Gehen in der Natur.
- Die Natur »hautnah« erleben, indem Sie barfuß über eine Wiese oder durch den Wald gehen.
- Singen! Singen wirkt sich ähnlich positiv auf Seele und Körper aus wie Atem- und Meditationsübungen.
- Einem Menschen etwas Gutes tun, ohne dass dieser weiß, dass Sie der Wohltäter sind.
- Jemanden, den Sie sehr mögen, mit einem kleinen Geschenk überraschen.
- Einen Brief auf schönem Briefpapier oder eine besondere Postkarte an einen Menschen schreiben, der Ihnen viel bedeutet.
- Bilder, die gute Gefühle in Ihnen wecken, aus Magazinen und Zeitungen schneiden. Collagen kleben oder die Bilder sammeln, um sie sich immer mal wieder anzusehen.
- Einmal wieder das Lieblingsbuch der Kindheit lesen.
- Fünfzehn Minuten die eigene Lebenszeit anders erleben, indem Sie alles ganz langsam machen: sich anziehen, essen, gehen …
- Den Tag beginnen, wenn die Welt noch schläft. Die Ruhe genießen und den Sonnenaufgang draußen erleben.
- Sich etwas Außergewöhnliches gönnen: ein besonderes Essen, ein extravagantes Kleidungsstück oder etwas, das sonst nicht stattfinden würde.

- Das, was Ihre Seele belastet, aufschreiben und das Geschriebene anschließend verbrennen.
- Möbel neu streichen, umstellen, Platz schaffen und alles, was Sie nicht mehr brauchen, weggeben.
- Einen Tag lang nur das tun, worauf Sie wirklich Lust haben: keine Pflichten, keine Erledigungen, keine Termine.

*Die höchste Form des Glücks ist ein Leben
mit einem gewissen Grad an Verrücktheit.*

Erasmus von Rotterdam

Die Mandel im Pudding

In Dänemark gibt es den Weihnachtsbrauch, eine Mandel in einem Pudding zu verstecken. Wer sie findet, hat im nächsten Jahr Glück. Ein Kind hört diese Geschichte und steckt sich von nun an jeden Tag eine Mandel in sein Müsli und auch in seinen Nachtisch. Und fühlt sich als glücklichster Mensch der Welt.

*Glücklich ist nicht, wer anderen so vorkommt,
sondern wer sich selbst dafür hält.*

Lucius Annaeus Seneca

Impuls: Die Dankbarkeitsliste

Ist Ihr Tag nur dann wertvoll und gut, wenn er mit Heldentaten angefüllt ist? Oder auch, wenn Sie bewusst genossen haben, was Sie früher für selbstverständlich hielten? Wann waren Sie das letzte Mal zutiefst dankbar oder haben sich bei jemandem bedankt?

»Danke!« ist ein Zauberwort, Danken macht Freude. Es ist eines der wirkungsvollsten und schnellsten Mittel gegen negatives Denken und Unzufriedenheit. Es mildert unseren Egoismus und macht uns kooperativer. Dankbarkeit führt uns zum Sinn und zum Erleben von Glück.

Dankbarkeit ist ein Lebensstil, den man lernen kann. Zum Beispiel, indem man jeden Morgen nach dem Aufwachen einige Minuten an die Dinge denkt, für die man dankbar ist. Dabei kann man sich laut oder im Stillen für jede einzelne Sache bedanken. Oder man schreibt abends vor dem Einschlafen eine Liste mit zehn Sachen auf – es dürfen auch mehr sein –, für die man an diesem Tag dankbar war. Die bestmögliche Weise, einen Tag zu beginnen und ihn zu beenden.

Nicht das Glücklichsein führt zur Dankbarkeit, sondern die Dankbarkeit zum Glücklichsein.
David Steindl-Rast

Anleitung für ein glückliches Leben

- Bedenke, dass große Liebe und große Ziele immer mit großem Risiko verbunden sind.
- Sei achtsam mit dir selbst und mit anderen. Übernimm die Verantwortung für deine Handlungen.
- Sei dir bewusst, dass ein nicht erfüllter Wunsch manchmal eine wunderbare Fügung sein kann, auch wenn es anfangs nicht so erscheint.
- Lerne die Regeln, damit du weißt, wann du sie angemessen brechen kannst.
- Lass nicht zu, dass ein Streit eine Freundschaft zerstört.
- Hast du einen Fehler begangen, steh dazu und unternimm unverzüglich alles, um ihn wiedergutzumachen.
- Verbringe täglich einige Zeit mit dir selbst.
- Nimm Veränderungen an, aber verliere dabei nicht den Blick auf deine Werte.
- Bedenke, dass manchmal Schweigen die beste Antwort ist.
- Lebe ein ehrbares, gutes Leben. Wenn du im Alter zurückblickst, wirst du dich daran erfreuen.
- Sorge für eine liebevolle Atmosphäre in deinem Haus. Diese bildet das Fundament für dein Leben.
- Bei Auseinandersetzungen mit deinen Lieben lass die Vergangenheit außer Acht und bezieh dich nur auf die aktuelle Situation.
- Lass andere an deinem Wissen teilhaben, denn so erlangst du Unsterblichkeit.
- Übe Achtsamkeit im Umgang mit der Erde.
- Besuche einmal im Jahr einen Ort, an dem du noch nie gewesen bist.

- Bedenke, die beste Beziehung ist jene, in der deine Liebe größer ist als die, die du selbst forderst.
- Bewerte deine erreichten Ziele an dem, was du aufgeben musstest, um sie zu erreichen.
- Wenn du im Leben verlierst, frage dich stets, was du daraus lernen kannst.
- Widme dich der Liebe und dem Kochen mit ganzer Hingabe und mit stetigem Bemühen.

Dem 14. Dalai-Lama zugeschrieben

Die Natur hat dafür gesorgt, dass es, um glücklich zu leben, keines großen Aufwandes bedarf; jeder kann sich selbst glücklich machen.

Lucius Annaeus Seneca

Literaturnachweis

Michael Ende: Momo. © 1973 Thienemann Verlag in der Thienemann-Esslinger Verlag GmbH, Stuttgart. (Die Überschrift auf S. 101 stammt von Iris Seidenstricker.)

Hermann Hesse: Narziß und Goldmund, in: ders., Sämtliche Werke in 20 Bänden. Herausgegeben von Volker Michels. Band 4. © Suhrkamp Verlag Frankfurt am Main 2001. Alle Rechte bei und vorbehalten durch Suhrkamp Verlag Berlin.

Virginia Satir: Selbstwert und Kommunikation. Familientherapie für Berater und zur Selbsthilfe. Aus dem Amerikanischen von Maria Bosch und Elke Wisshak. © 1972 by Science and Behavior Books, Inc.; Pfeiffer bei Klett-Cotta (Reihe Leben lernen Nr. 18), Stuttgart 1975. (Die Überschrift auf S. 14 stammt von Iris Seidenstricker.)

Henry David Thoreau: Walden. Ein Leben mit der Natur. Deutsch von Erika Ziha. Ergänzt und überarbeitet von Sophie Zeitz. © 1999 Deutscher Taschenbuch Verlag, München.

Marianne Williamson: A Return to Love. © 1992 HarperCollins, New York.

Inspiration, die zu Herzen geht
John Strelecky im <u>dtv</u>

Das Café am Rande der Welt
Eine Erzählung über den Sinn des Lebens
Übers. v. B. Lemke
Mit Illustrationen von Root Leeb

ISBN 978-3-423-20969-4
ISBN 978-3-423-25357-4 <u>dtv</u> großdruck

Die wunderbare Geschichte eines Mannes, der nach langen Irrwegen endlich Antworten auf die Frage nach dem Sinn des Lebens findet. »Ein wunderbares Büchlein, das die Seele berührt.« (Lisa)

Safari des Lebens
Übers. v. B. Lemke
Mit Illustrationen von Root Leeb

ISBN 978-3-423-34586-6

Inspiration für Sinnsucher: Eine Erzählung über die Verwirklichung von Lebensträumen und die Faszination Afrikas mit seiner wunderbaren Tierwelt und seinen magischen Landschaften.

The Big Five for Life
Leadership's Greatest Secret
Was wirklich zählt im Leben
Die Erfolgsformel für Unternehmer und Führungskräfte
Übers. v. B. Lemke
<u>dtv</u> Hardcover

ISBN 978-3-423-28019-8 und
ISBN 978-3-423-34528-6

»Wenn Sie dieses Jahr nur ein Buch zum Thema Führung lesen wollen, dann entscheiden Sie sich für diesen Titel.« (Hamburger Abendblatt)

John Strelecky
Tim Brownson
Reich und Glücklich!
Wie Sie alles bekommen, was Sie sich wünschen
Übers. v. B. Lemke

ISBN 978-3-423-24908-9

Die beiden Autoren haben eine griffige Erfolgsformel gefunden, mit der wir unsere persönliche Vorstellung von Reichtum und Glück erkennen und dann auch Schritt für Schritt umsetzen können.

Bitte besuchen Sie uns im Internet: www.dtv.de

Spiritualität bei dtv

Spiritualität bei dtv

**Die heilende Kraft
der Gefühle**
Gespräche mit dem Dalai Lama
Hg. v. Daniel Goleman
Übers. v. F. R. Glunk
ISBN 978-3-423-36178-1

Frédéric Lenoir
Was ist ein geglücktes Leben?
Kleine philosophische Anleitung
Übers. v. E. Ranke
ISBN 978-3-423-34831-7

Die Seele der Welt
Von der Weisheit der Religionen
Übers. v. E. Liebl
ISBN 978-3-423-26012-1

John O'Donohue
Die vier Elemente
Innere Kraft und Ruhe durch
die Weisheit der Natur
Übers. v. D. u. G. Bandini
ISBN 978-3-423-26037-4

Anam Ċara
Das Buch der keltischen
Weisheit
Übers. v. D. u. G. Bandini
ISBN 978-3-423-34639-9

Marie Mannschatz
**Buddhas Anleitung zum
Glücklichsein**
Fünf Weisheiten, die Ihren
Alltag verändern
ISBN 978-3-423-34587-3

Drukpa Rinpoche
Tibetische Weisheiten
Lebensweisheiten eines tibe-
tischen Meditationsmeisters
Übers. v. S. Schuhmacher
ISBN 978-3-423-36143-9

Weisheiten der Bibel
Hg. v. I. Seidenstricker
ISBN 978-3-423-34270-4

Worte, die stärken
Weisheiten für den
Augenblick
Hg. v. I. Seidenstricker
ISBN 978-3-423-34503-3

Worte, die Kraft geben
Inspiration, Mut und
Zuversicht für das Jahr
Hg. v. I. Seidenstricker
ISBN 978-3-423-34765-5

Der kleine Taschencoach
Impulse für ein gutes Leben
Hg. v. I. Seidenstricker
ISBN 978-3-423-34829-4

Bitte besuchen Sie uns im Internet: www.dtv.de